Oskar Batek

Ravensburger® Hobbykurse

Einfache Marionetten

zum Nachbauen

Otto Maier Ravensburg

© 1987 Ravensburger Buchverlag Otto Maier GmbH
1. Auflage 1985
Alle Rechte vorbehalten
Fotos und Zeichnungen: Oskar Batek
Satz: E. Weishaupt, Meckenbeuren
Gesamtherstellung: Himmer, Augsburg
Printed in Germany

90 89 88 87   5 4 3 2

ISBN 3-473-45656-X

Inhalt

Kopf mit Haaren und Bart aus Modelliermasse

Einführung

Die Marionette an Fäden braucht wohl niemandem
vorgestellt zu werden. Sie gehört schon seit Jahrhun-
derten zu den am meisten bewunderten von oben
geführten Puppen. Nicht einmal in den letzten Jahr-
zehnten verlor sie an Beliebtheit und ihren Ruhm als
„Königin der Puppen", obwohl eine starke Konkurrenz
von verschiedenen neu entwickelten oder wiederent-
deckten Puppenarten dem Puppenspiel ganz neue
Perspektiven eröffnete.
Aber nicht nur das Spiel der Marionetten bezaubert
die Zuschauer jeden Alters. Auch der Bau von Marionetten übt eine große Anziehungskraft auf kreative
Menschen aus, weil sich dabei künstlerisch-schöpfe-
rische und technisch-erfinderische Tätigkeit eng
verbinden.
So sind schon manche Marionetten entstanden, die
nie vor Zuschauern aufgetreten sind und für das Ram-
penlicht überhaupt nicht bestimmt waren. Nun, auch
eine ausdrucksvoll aussehende Marionette ist erst
dann eine gute Marionette, wenn sie gut spielen kann.
Sie soll eine Gestalt mit ganz bestimmten Charakter-
zügen darstellen, und die müssen nicht nur aus der
äußerlichen Gestaltung der Puppe, sondern auch aus
ihrer ganzen Körpersprache erkennbar sein.
Die charakteristische Körperhaltung, die Art, wie sich
die Marionette bewegt, das liegt natürlich vor allem in
den Händen des Spielers, aber die Disposition dafür

muß der Puppe schon bei ihrem Entstehen eingebaut werden.

Für einen wenig erfahrenen Puppenbauer ist dies eine anspruchsvolle Aufgabe, die er kaum erfüllen kann. Dieses Buch führt daher auch nicht zu solchen Höhepunkten des Marionettenbaus. Ganz im Gegenteil, hier soll dem interessierten Leser lediglich das kleine Einmaleins des Marionettenbaus geboten werden. Es wird nicht über die Grundsätze der Puppenkonstruktion, über die Wirkung von verschiedenen Gelenken, über Eigenschaften von einigen Baumaterialien und andere, für den Marionettenbau wichtige Fragen theoretisiert. Vielmehr sollen dem Leser ein paar praktische Beispiele vorgestellt werden, zunächst ganz einfache, schließlich auch anspruchsvollere.

Es liegt an dem Leser selbst, ob er die Beispiele in allen Einzelheiten nachmachen will oder ob er sie nur als Anreiz zu einer freien kreativen Tätigkeit betrachten wird. Das Buch erfüllt seine Aufgabe, wenn es den Neulingen im Marionettenbauen die ersten Versuche erleichtert und wenn es ihnen zu den wichtigsten Grundkenntnissen und praktischen Erfahrungen verhilft. Das Hauptthema des Buches ist der Marionettenbau. Es widmet sich deswegen vor allem den technischen Problemen.

Für den Bau der Marionetten sind solche Materialien gewählt, die leicht zu beschaffen sind und die auch für weniger geübte Heimwerker mit einer einfachen Werkzeugausrüstung bearbeitbar sind. So werden einige Körperteile der Puppen aus Knetmasse modelliert, andere aus unterschiedlichen Hartschäumen geschliffen und wieder andere aus mehreren Schichten von dünnem Sperrholz zusammengesetzt.

Hartschäume sind ein gut bewährtes Material. Am meisten werden Styropor, Styrofoam und Styrodur verwendet. Wegen ihrer unterschiedlichen Härte und Körnigkeit eignen sie sich sowohl für ganz einfache als auch für fein modellierte Formen. Ähnlich gute Dienste leisten manche Knetmassen, vor allem solche, die bei normalen Temperaturen an der Luft trocknen und hart werden und sich auch danach noch weiterbearbeiten lassen. Für hölzerne Teile der Puppen und für die Anfertigung der Spielkreuze findet man in den Bastelläden oder Baumärkten eine ausreichende Auswahl von Rund- und Vierkantstäben aus weichem oder hartem Holz. Auch Sperrholz ist ein leicht zugängliches Material. Für feine Arbeiten benutzt man am besten nur das Sperrholz, das man auch für den Modellbau verwendet.

Bei jeder Marionette, deren Bau in diesem Buch beschrieben ist, werden jeweils möglichst andere Baumaterialien gewählt und eine andere Form des Baus empfohlen, um den Leser mit verschiedenen Möglichkeiten vertraut zu machen. Um den Leser jedoch nicht vor eine schwierige Wahl zu stellen, bieten die Anweisungen zu den einzelnen Marionetten nur selten mehrere Alternativen an. Nach einigen gelungenen Bauexperimenten wird sehr wahrscheinlich jeder selbst versuchen, die Erfahrungen vom Bau der einen Puppe auch beim Bau der anderen auszunützen. Diejenigen, die andere geeignete Materialien ausprobieren möchten, sollen dies tun, denn man lernt dann am meisten, wenn man nach eigenen Vorstellungen mit dem Material umgeht. Derjenige, der sich in der Holzschnitzerei auskennt, kann die Bauteile für die Marionetten auch aus Holz schnitzen und ihr dadurch ein ganz besonderes Aussehen verleihen.

Wer über Marionetten mehr erfahren will, findet im Anhang (Seite 62) eine Liste mit Fachbüchern, die ihm weiterhelfen können.

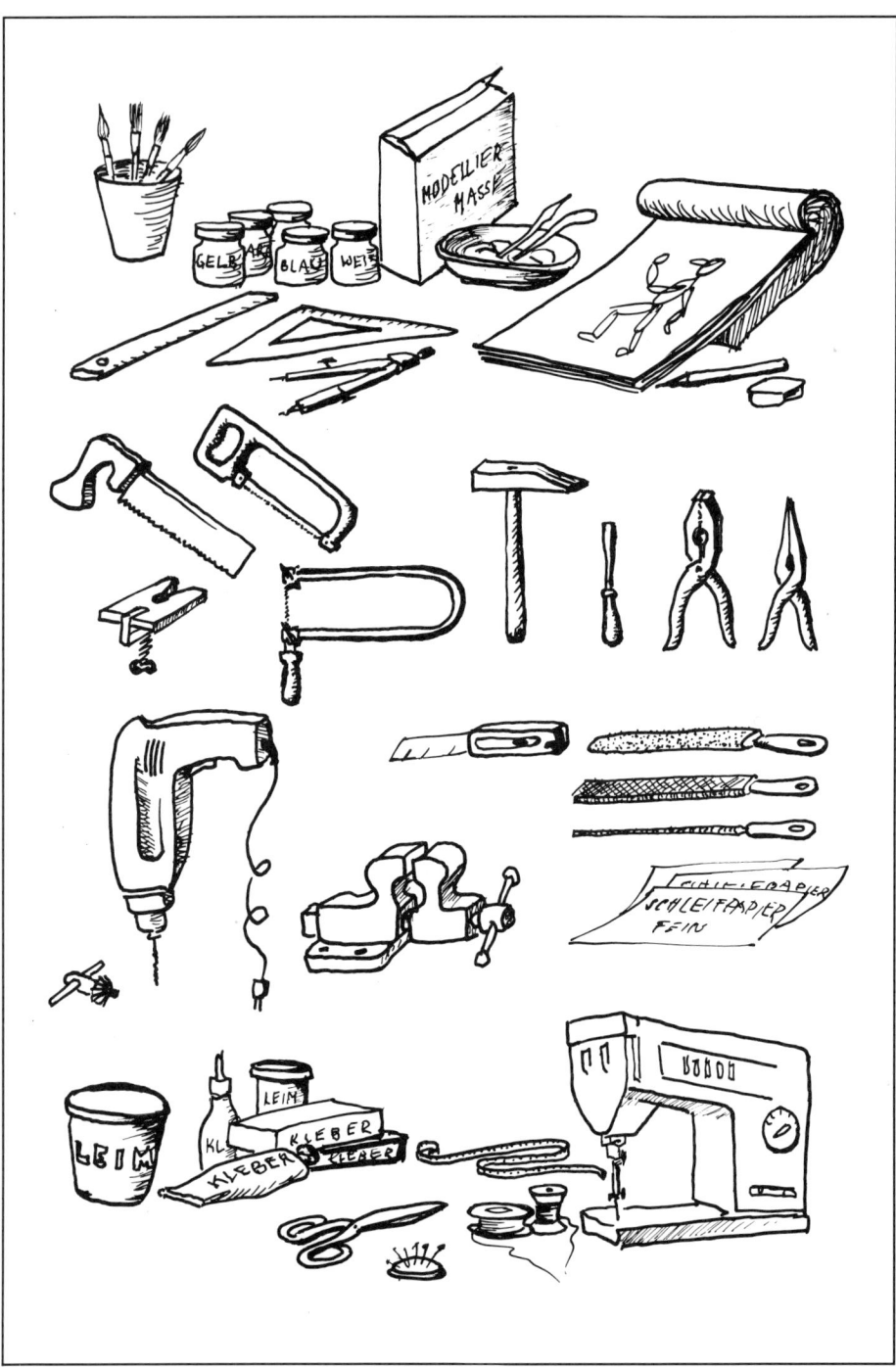

Werkzeug und Material

Eine gut ausgerüstete Hobbywerkstatt kann die Arbeit wesentlich erleichtern. Sonst genügt aber auch eine ganz bescheidene Ausrüstung.

Dazu gehören:
Sägen für Holz, Metall und Sperrholz (Laubsäge)
Feile, Holzraspel, feines und grobes Schmirgelpapier
Hammer, Kombizange, Schraubenzieher
Scharfes Messer
Bohrer oder Bohrmaschine, Schraubstock

Holzleim, Styroporkleber, Kontaktkleber, Alleskleber, Zweikomponenten-Kleber
Modelliermasse
Kleine Ringschrauben
Perlonfaden oder festes Nähgarn

Weitere Materialien, die zur Anfertigung der einzelnen Puppen nötig sind, sind in den entsprechenden Kapiteln angegeben. Das sind vor allem:
Rundholz- und Vierkantstäbe, Hartschaum, Sperrholz und Eisen-Schweißdraht

Marionetten an zwei Fäden

Marionetten, rein physikalisch genommen, sind aufgehängte Gegenstände, Pendel, die allen Gesetzen der Gravitation und Trägheit unterworfen sind. Die Konstruktion der Puppe und ihrer Führungsmechanismen soll die störenden Wirkungen der physikalischen Kräfte vermindern und diejenigen, die dem Spiel der Puppe helfen, ausnützen.

Requisiten an einem Faden

Wieviel Fäden sind dafür nötig? Der Gegenstand, der an einem Faden hängt, rotiert hin und her, und jeder unvorsichtige Zug mit dem Faden bringt ihn ins Pendeln. Je leichter der Gegenstand ist, desto schwieriger ist es, ihn gezielt zu lenken, ihn zum Beispiel an einer bestimmten Stelle landen zu lassen. Zur Führung auch der einfachsten Marionette reicht ein Faden nicht. Er genügt aber vollkommen für ein Requisit, das sich bewegen soll, für einen frei geworfenen Stein oder Ball, für die goldene Kugel der Prinzessin oder für die Feder, die eine unsichtbare Kraft dem Doktor Faust aus der Hand reißt.

In den Märchen wimmelt es von verzauberten Gegenständen, die sich wie von selbst bewegen und auf diese Weise das Bühnenbild bereichern. Sollen sich aber solche Gegenstände ganz gezielt bewegen oder sogar noch anspruchsvollere Aufgaben erfüllen, sind dazu schon zwei Fäden nötig. So wird der Knüppel aus dem Sack ganz bestimmt an zwei Fäden geführt, wenn er dem richtigen Sünder auf dem Rücken tanzen soll.

Der zweite Faden bringt also eine wesentliche Änderung in das Spiel mit den Requisiten. Das unkontrollierte Rotieren der Requisiten wird beseitigt und auch die Tendenz zum Pendeln deutlich vermindert. Aber nicht nur das. Die Kugel kann sich jetzt mit dem „Gesicht" oder mit dem „Rücken" zu dem Spielpartner drehen, sie kann den „Kopf" schütteln, zaghafte Schritte machen, der Knüppel kann sich anschleichen, auf jemanden lauern, die „Nase" aus dem Versteck herausstrecken – und vieles andere. Die Requisiten können jetzt viel mehr, als sich nur bewegen. Sie können wirklich agieren, ihren Gefühlen Ausdruck verleihen – sie beginnen zu leben.

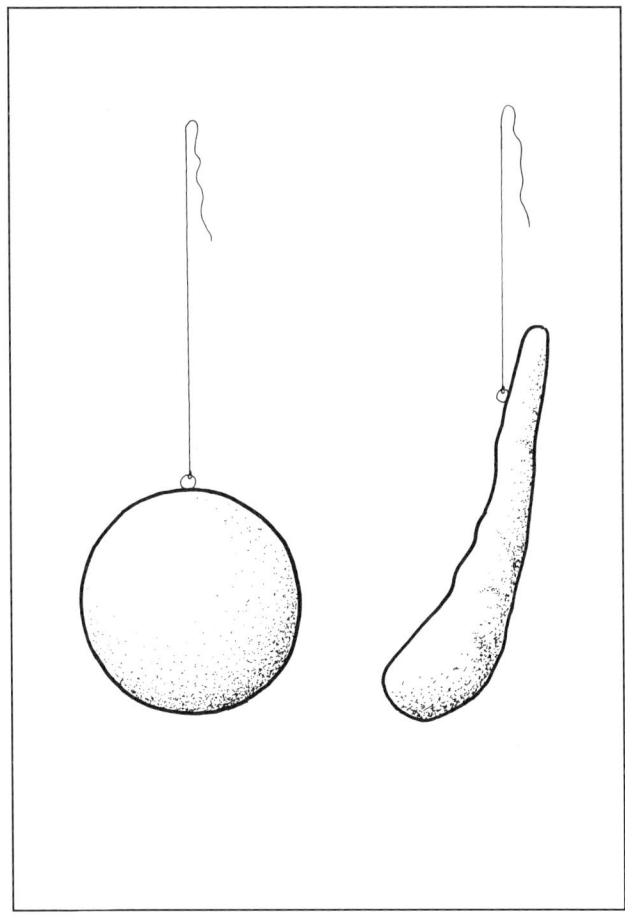

Eine Kugel oder ein anderer Gegenstand läßt sich mit einem Faden nicht gut lenken. Genau gezielte Bewegungen sind kaum möglich.

Als Führungsholz für ein Requisit mit zwei Fäden genügt ein Rundholzstäbchen mit einer Dicke von etwa 5 – 6 mm. An den beiden Enden des Rundholzes werden Löcher gebohrt, in denen man die Fäden befestigt. Das Führungsholz muß mindestens so lang sein, daß der Spieler es gut mit der Hand greifen kann, also etwa 8 – 10 cm. Ansonsten richtet sich die Länge des Stabes nach der Größe des Requisits: Die Fäden sollten durch den Stab so weit auseinander gehalten werden, daß sie möglichst parallel oder besser noch nach oben leicht auseinander laufen. Das gilt besonders bei ganz kleinen Requisiten, die sich dann gezielter bewegen lassen.

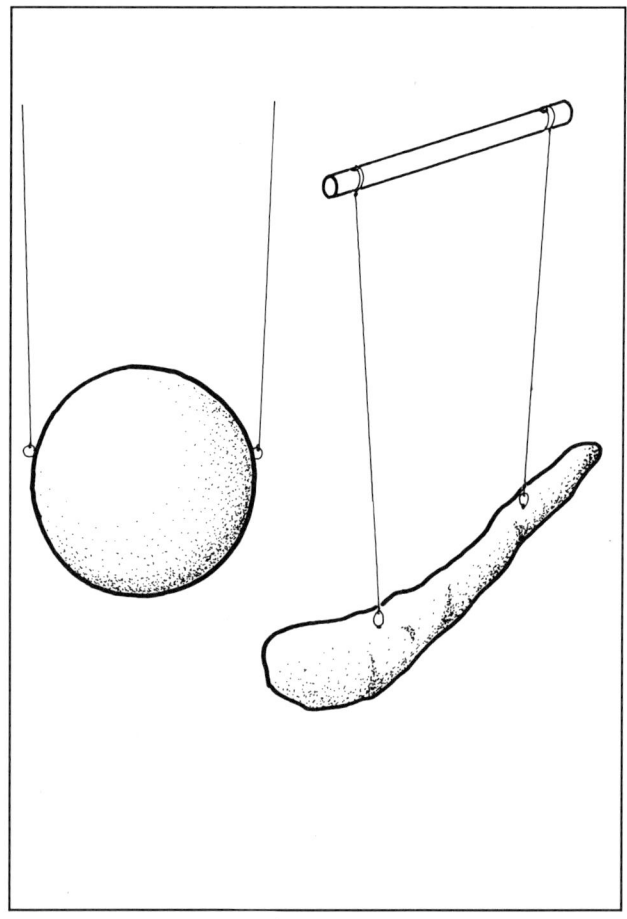

An zwei Fäden geführte Requisiten können schon anspruchsvollere Aufgaben erfüllen. Als Führungsholz dient ein einfaches Stäbchen.

Mit zwei Fäden lassen sich nicht nur Requisiten führen, sondern auch einfache Figuren, die nur frei pendelnde Glieder oder überhaupt keine zusätzlichen Körperteile haben. Das können zum Beispiel verschiedene Himmelskörper sein, wie Sonne, Mond oder Sterne, die nicht gerade selten eine wichtige Rolle in Märchenstücken spielen.

Auch für manche Gespenster und Geister, die nur in der Luft schweben und deren Körper mehr einer Rauchwolke als einem Leib aus Fleisch und Blut ähnlich sein sollen, genügen oft zwei Fäden. Als Beispiel kann da der wohl bekannte Dschinn aus dem Märchen aus Tausendundeiner Nacht, der Geist aus der Flasche, dienen.

Sonne, Mond und Sterne, die als flache oder dreidimensionale Puppen gestaltet und an zwei Fäden geführt sind.

Der Dschinn

Der Kopf des Dschinns wird aus Hartschaum (Styrodur) geschnitzt. Man könnte ebensogut Holz verwenden. Die groben Spuren des Messers sind hier absichtlich nicht durch Schleifen oder Überkaschieren beseitigt. Der Kopf ist nur mit Acrylfarbe angemalt, fast eintönig und so dünn, daß die Porosität des Materials deutlich sichtbar ist.

Der Kopf hat keinen Hals, nur eine ovalförmige, etwa 5 mm hohe Platte am Hinterkopf. An ihrem Rand wird das Kleid der Puppe, ein Umhang, befestigt. Der Umhang braucht nicht genäht zu werden. Es genügt, ein leichtes, fast durchsichtiges Tuch, reichlich gefaltet, am Rand der Platte am Hinterkopf anzukleben.

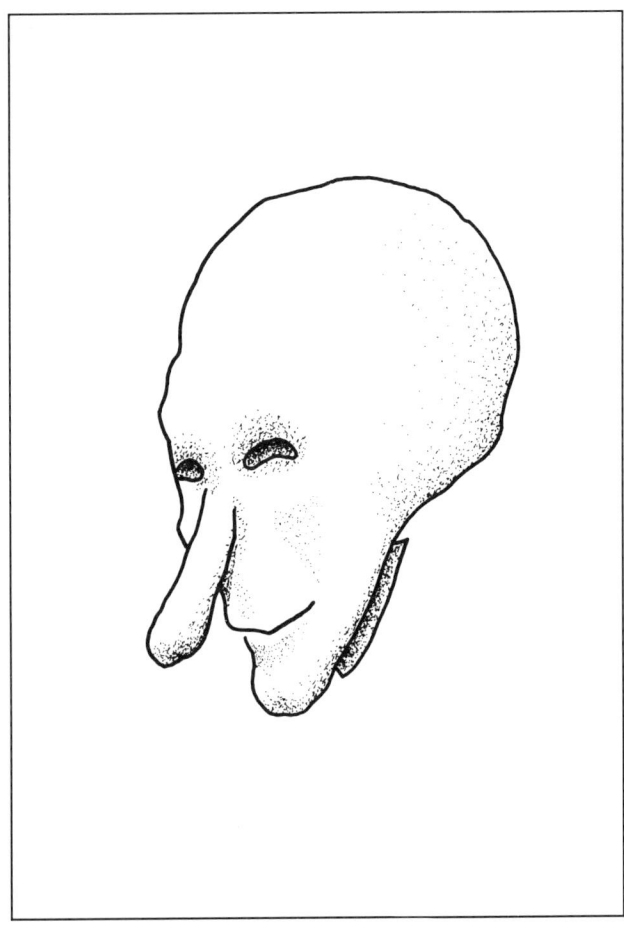

Der Kopf des Dschinns
Höhe des Kopfes
ca. 20 cm

Material
○ 1 Stück Styrodur
  oder Styrofoam,
  ca. 15 x 15 x 20 cm
○ 2 Holzdübel mit Ring-
  schrauben

Die zwei Fäden, die an den Schläfen des Kopfes befestigt sind, ermöglichen eine ganze Reihe von aus-
drucksvollen Kopfbewegungen. Aber der Dschinn kann
den Kopf nicht höflich oder bescheiden neigen, er
kann seine Zustimmung nicht mit einer Kopfbewegung
betonen oder seinen Kopf selbstbewußt heben.
Sollten gerade solche Kopfbewegungen für die Rolle
des Dschinns wichtig sein, dann befestigt man die
Fäden nicht seitlich am Kopf, sondern am Hinterkopf
und an der Stirn oder sogar an der Nase. Dabei muß
man darauf achten, daß der Kopf ausbalanciert hängt
und daß sein Schwerpunkt unter den zwei Anhänge-
punkten liegt.

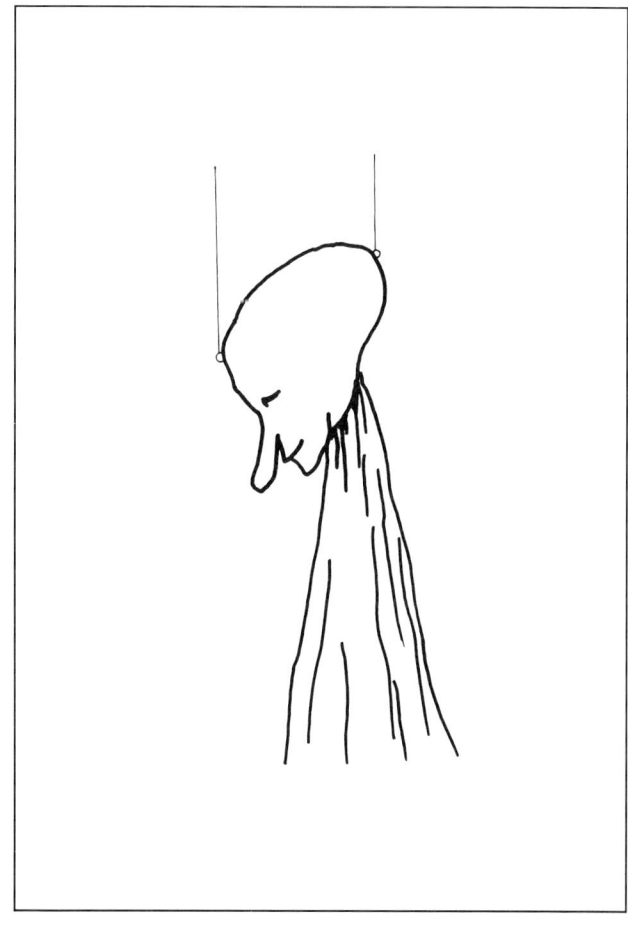

Die Fäden an Stirn und
Hinterkopf ermöglichen
wieder andere Kopfbe-
wegungen.
Die Figuren an zwei
Fäden werden ähnlich
wie die Requisiten mit
einem einfachen Füh-
rungsholz geführt.

Der Fischer und der Dschinn

Eine Spielidee nach einer Erzählung aus dem Märchen Tausendundeine Nacht.

Vergebens warf ein armer Fischer sein Netz ins Wasser. „Allmächtiger Gott", sprach er, „gib, daß ich mindestens einen Fisch nach Hause bringe!" Da wurde das Netz so schwer, daß er es nur mit Mühe und Not ans Ufer ziehen konnte. Aber zu seiner Überraschung fand er im Netz nur eine schwere, versiegelte Flasche. Ungeduldig öffnete er die Flasche und da stieg aus ihr eine dunkle Rauchwolke auf und verwandelte sich in einen riesengroßen Dschinn.

Dem Fischer lief es eiskalt durch alle Glieder, als er hörte: „Mein Erlöser, vor zweitausend Jahren ließ mich König Sulaiman in diese Flasche einkerkern. Höre jetzt eine erfreuliche Nachricht: Ich werde dich jetzt gleich töten und du darfst selbst wählen, auf welche Weise du sterben willst!" – „Ist das dein Dank für meine gute Tat?", fragte der Fischer und begann um sein Leben zu bitten. Aber der Dschinn ließ sich nicht erweichen: „In meinem Herzen habe ich zunächst alle Schätze der Welt meinem Befreier versprochen, aber mit der Zeit wurde ich immer wütender und habe dann geschworen, denjenigen zu töten, der mich befreit."

Als der Fischer sah, daß er den Dschinn von seinem Vorhaben nicht abbringen konnte, überwand er seine Angst und sann auf eine List: „Nun ja, wenn du unbedingt willst, dann töte mich! Aber schwöre, daß du mir vorher noch die Wahrheit sagst. Warst du wirklich in dieser kleinen Flasche? Solange ich es nicht mit meinen eigenen Augen gesehen habe, werde ich es dir nicht glauben." Da verwandelte sich der Dschinn wieder in eine Rauchwolke und verschwand in der Flasche. Blitzschnell verschloß der Fischer die Flasche wieder und sagte: „Jetzt darfst du wählen, wie du sterben willst, du undankbarer Dschinn. Ich werfe dich in die tiefe See. Hier am Ufer baue ich mir ein Haus und werde Tag und Nacht Wache halten, damit dich niemand mehr aus dem Wasser herausholt."

Der Dschinn; eine Marionette an zwei Fäden

Marionetten an drei bis vier Fäden

Um den Kopf des Dschinns in alle Richtungen neigen zu können, reichen also zwei Führungsfäden nicht. Es genügen dazu aber drei Fäden, wenn der Schwerpunkt des Kopfes im Hinterkopf oder im Gesichtsteil liegt. Ein Faden wird an diesem Teil befestigt, die anderen zwei an den Schläfen.

Als Beispiel für eine Marionette an drei Fäden wählen wir die Hauptperson aus einem heute schon klassischen Marionettenspiel von Jan Malík „Bällchen-Schnellchen". Es handelt sich um einen Ball, der durch Zufall zu zwei alten Menschen kommt und von ihnen als ein erwünschtes Kind aufgenommen wird.

Er ist ein Ball-Kind. Aber obwohl er sich wie ein Kind benimmt, muß er wie ein Ball-Spielzeug aussehen. Seine Vermenschlichung soll deshalb nur mit wenigen Details an der Puppe angedeutet werden.

Der Ball Für den Kopf-Körper des Balls eignet sich eine Styroporkugel gut, etwa 15 cm im Durchmesser. So große Styroporkugeln bestehen meistens aus zwei hohlen Halbkugeln, was die Arbeit ein wenig erschwert. Es ist nämlich nötig, zwischen die zwei Hälften der Kugel einen Ring aus Sperrholz einzusetzen, damit die Marionette mehr Gewicht bekommt und damit sie auch genug festes Material für die Befestigung der Führungsfäden und das Einsetzen der Beine hat. Für die Befestigung der Beine ist es sogar nötig, den unteren Teil des Sperrholzrings zu verdoppeln oder an den dafür vorgesehenen Stellen zusätzliche Holzklötze an den Ring anzukleben.

In der vorderen Halbkugel, im unteren Drittel ungefähr, muß noch ein Stück Blei oder Eisen angebracht werden. Dieses Gewicht wird dann den Kopf nach vorne neigen. Je höher das Gewicht befestigt wird, desto tiefer kann die Marionette den Kopf senken. Das Blei oder Eisen läßt sich zuverlässig mit einem dichten Brei aus Holzleim und Sägemehl an das Styropor ankleben.

Damit die Kugel durch Einsetzen des Rings von ihrer Form nichts verliert, ist es nötig, an beiden Halbkugeln ein paar Millimeter vom Rande abzuschneiden.

Da Styropor sehr weich und empfindlich ist, muß man seine Oberfläche mit einem festeren Material beschichten. Im Notfall genügt es, die Oberfläche mit Holzleim gründlich zu beschmieren und trocknen zu lassen. Danach läßt sich Styropor gut bemalen (siehe Seite 55). Wenn es sich um eine stark beanspruchte Figur handelt, lohnt es sich das Styropor zu kaschieren (siehe Seite 29) oder mit Filzbezug zu schützen.

Material
o Styroporkugel ∅ 15 cm
o Sperrholz 6 – 8 mm,
  15 x 15 cm
o 2 Spiralfedern ∅ 6 mm
  ca. 6 cm lang
o 5 Holzdübel ∅ 5 mm
o Modelliermasse
o Filz für Kopfbezug,
  Augen, Haare und
  Mütze
o 2 Ringschrauben
o Stückchen Eisen oder
  Blei

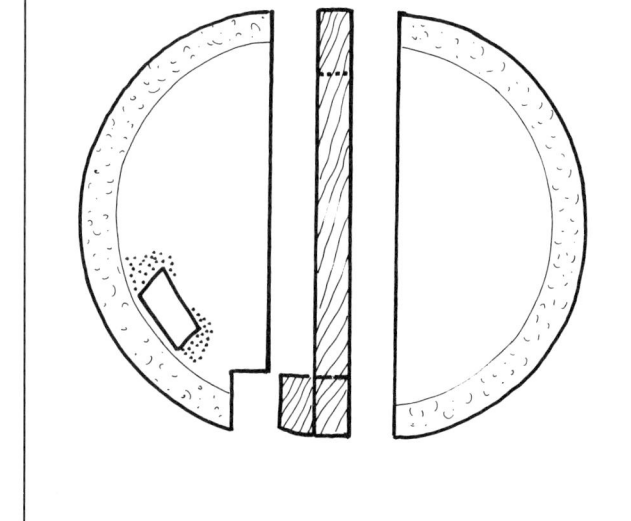

Die Kugel mit Styropor-
kleber leicht bestreichen
und mit Filz stramm
beziehen. Die Zipfel des
Bezuges an den Hinter-
kopf ziehen. Die Falten
glatt abschneiden und
den Filz an den Schnitt-
stellen fest zusammen-
drücken.

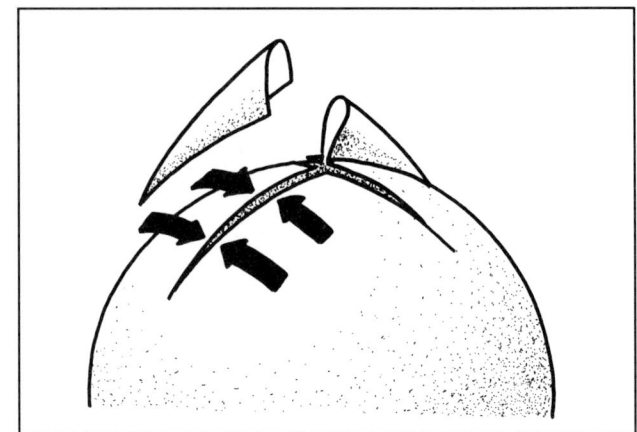

Die Nase aus Modellier-
masse oder aus Holz
anfertigen und mit einem
Holzdübel am Kopf be-
festigen. Die Augen
bestehen aus weißen
Filzunterlagen mit Pupil-
len aus bemaltem Sperr-
holz.
Die Haare sind mit
kleinen, aus Filz aus-
geschnittenen Kreisen
angedeutet.

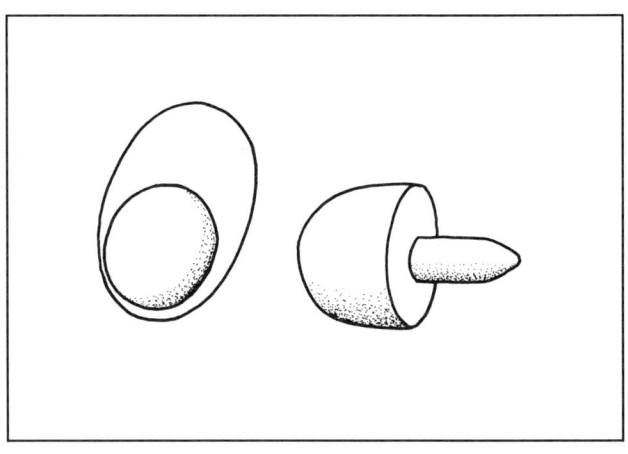

Auch die Mütze ist aus
Filz angefertigt.
Zwei weiche Spiralfe-
dern bilden die Beine.
Die Schuhe sind aus
Knetmasse modelliert
und angemalt. Zur Ver-
bindung der Federn mit
den Schuhen und mit
dem Ball dienen kleine
Holzdübel.

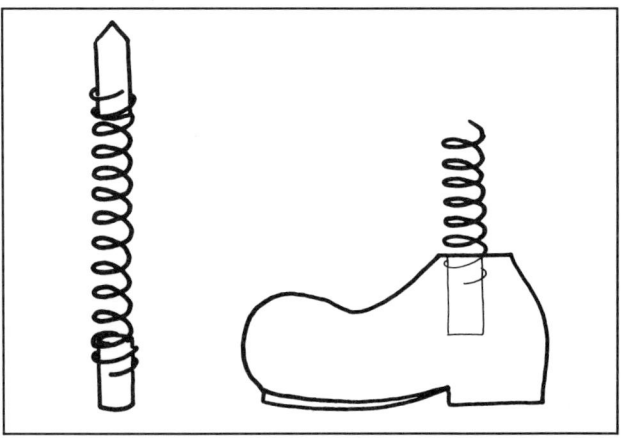

Spielkreuz und Auf-
schnüren des Balls

Da der Ball mit drei Fäden gelenkt wird, benötigt er ein Spielkreuz in T-Form, das waagerecht gehalten wird. Ein Ende des dickeren Trageholzes wird durchbohrt und in das Loch ein Rundholzstäbchen eingesteckt. Dieser Querbalken soll so lang sein wie der Durchmesser der Kugel, besser noch ein wenig länger. Von dem Querbalken führen die Fäden zu den Ringschrauben an den Schläfen des Balls. Der dritte Faden ist an der Nase und vorne an dem Trageholz befestigt.
Die Bewegungen des Kopfes übertragen sich auf die Beine, so daß die Puppe gehen, hüpfen und springen kann.

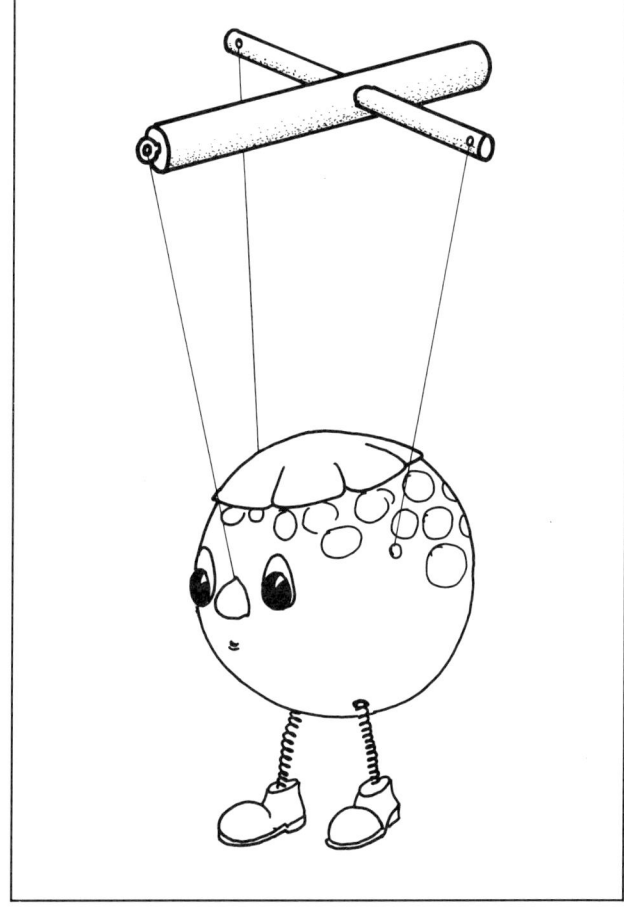

Material für das
Spielkreuz
○ Rundholzstab
  ⌀ 10 – 12 mm,
  ca. 15 cm lang
○ Rundholzstab ⌀ 5 mm,
  ca. 16 cm lang
○ Ringschrauben

Der Papierdrachen

Als Bösewicht des Stückes vom Bällchen-Schnellchen tritt ein verwilderter Papierdrachen auf. Auch das ist eine Gestalt, die von einer technisch einfachen Marionette dargestellt werden kann.

Mit Rücksicht auf die kleinen Ausmaße der Figur, könnte man sie aus Pappe oder aus dünnem Sperrholz (1,5 – 2 mm) ausschneiden und anmalen. Der Drachen wird aber überzeugender wirken, wenn er wie ein richtiger Papierdrachen gebaut wird.

Man klebt zwei Stäbe in Form eines Kreuzes. Den oberen Bogen des Drachens formt man aus einem dünneren Eisen-Schweißdraht, für die Umrahmung der unteren Hälfte spannt man eine Schnur.

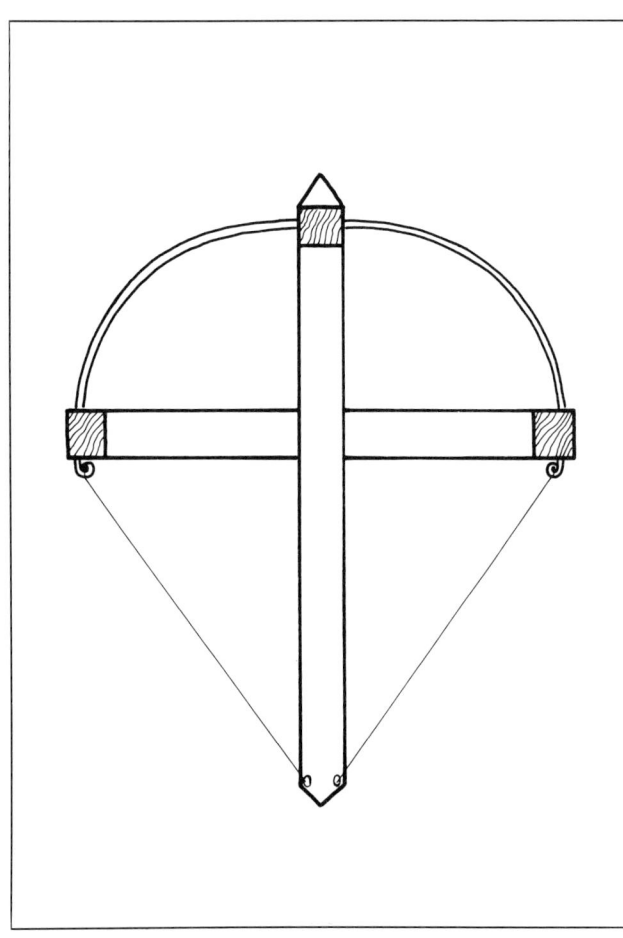

Material
○ Vierkantstäbe
10 x 5 mm,
1 Stück ca. 30 cm lang,
1 Stück ca. 25 cm lang
○ Eisen-Schweißdraht
∅ 2 mm,
ca. 50 cm lang
○ dünne Schnur, ca. 2 m
○ Zeichenpapier für den
Bezug, ca. 35 x 30 cm
○ farbiges Papier für die
Fransen

Am besten läßt sich der Draht mit dem Kreuz verbinden, indem man die Enden der Stäbe mit Holzklötzchen verstärkt, durchbohrt und den Draht in die Löcher steckt.

Das Gesicht des Drachens

Der Drachen braucht natürlich keine Beine oder andere zusätzliche Körperteile, um damit deutlich zu zeigen, daß es sich bei ihm um ein Lebewesen handelt. Bei ihm genügt vollkommen das Gesicht, das auf die große Fläche seines „Körpers" gemalt wird. Gerade diese Bemalung ist es, die seine Lebendigkeit ausmacht.

Der Drachen wird noch mit Fransen geschmückt. Sie werden so aufgehängt, daß sie frei pendeln und jede Bewegung des „Kopfes" noch betonen. Sie können aus Filz oder einfach aus farbigem Papier angefertigt werden, ähnlich wie die Schleifen für den Schwanz des Drachens.

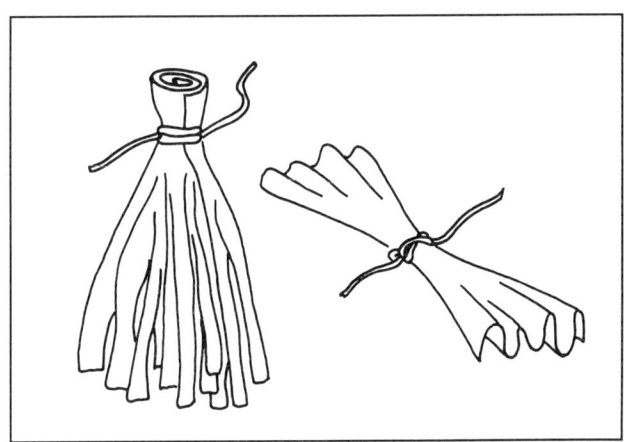

Anfertigung der Fransen und Schleifen aus farbigem Papier oder Krepppapier ist ganz einfach.

Bällchen-Schnellchen

Inhalt der gleichnamigen Märchenfolge in 13 Bildern von Dr. Jan Malík, deutsche Übersetzung von Dr. H. R. Purschke.

In einem Häuschen wohnte ein altes Ehepaar. Die beiden sind traurig darüber, daß sie keine Kinder haben. Eines Tages, krach! bum! – fliegt ein Ball durch das Fenster ins Häuschen. „Ich habe Hunger!", ruft er. Wie freuen sich da die beiden Alten! Gleich möchten sie für ihn etwas besorgen. Das Bällchen soll aber brav zu Hause sitzen und niemanden reinlassen. Kaum sind sie weg, schaut ein verwilderter Drachen, der Drachen Krachen, in das Häuschen hinein und sucht ein Spielzeug für seine Kinder. Das Bällchen läßt sich nicht von dem listigen Drachen zum Ausflug überreden. Aber als es dann unvorsichtig ein Töpfchen kaputt macht, will es, aus Angst vor Strafe, lieber mit ihm wegfliegen.

Der Großvater und die Großmutter entdeckten schnell warum das Bällchen weggelaufen ist und machen sich gleich auf den Weg, um es zu suchen. Sie ziehen durch die Wälder und Felder, musizieren und singen vom Bällchen-Schnellchen und fragen überall nach ihm. Sie hören aber nur von dem bösen Drachen Krachen, der vor kurzem vorbeiflog. Ganz bestimmt hat er das Bällchen entführt! Eine Vogelscheuche, ein Hund und ein Vogel verraten ihnen, daß der Drachen nur vor dem Wind große Angst hat und helfen ihnen, die Telegrafenstange mit dem Drachennest zu finden.

Um den Drachen zu ärgern, fangen die beiden Alten zu musizieren und singen an. Wütend schickt der Drachen seine Kinder hinaus, damit sie für Ruhe sorgen. Aber kaum zeigt sich ein Drachen, pusten die zwei Alten so kräftig – und wetten, alle Kinder pusten kräftig mit – daß sie ihn weit weg jagen. So wird schließlich auch der Drachen Krachen weggeblasen, als er selbst kommt, um dem Lärm ein Ende zu machen. Zuletzt springt auch das Bällchen aus dem Nest. Alle drei freuen sich über das glückliche Wiedersehen.

Der Ball und der Drachen; Marionetten an drei und vier Fäden

Der Papierbezug für den Drachen. Den überragenden Rand des oberen Teiles dicht einschneiden, um den Bezug gut auf den Bogen kleben zu können.

Aufschnüren

Für die Führung des Drachens könnten eventuell nur drei Fäden ausreichen. Da aber das Gewicht in der ganzen Figur ziemlich regelmäßig verteilt ist, wird eine zuverlässige Lenkung des Drachens mit vier Fäden besser ermöglicht. Die Fäden werden an allen vier Enden des hölzernen Drachenskeletts befestigt. Dabei genügt es, wenn man für die Fäden Löcher in die Stäbe bohrt oder Rillen einschneidet.

Ein wichtiger und ausdrucksvoller Bestandteil dieser Figur ist ihr Schwanz. Mit den Bewegungen des Schwanzes kann der Drachen seine Freude, seinen Ärger, hinterlistige Gedanken und vieles andere noch deutlicher zeigen als nur mit den Kopfbewegungen. Der Schwanz darf natürlich nur so lang sein, daß ihn der Spieler mit einer Hand gut führen kann. Auch müssen sich seine Ausmaße nach dem Platz richten, der auf der Bühne dafür zur Verfügung steht. Damit man den Schwanz besser in Schwung bringen kann, schadet es nichts, wenn die Fransen am Schwanzende mit einer Holzperle beschwert werden.

Das Spielkreuz für den
Drachen wird senkrecht
gehalten. Es hat die Form
eines einfachen Kreuzes
mit festen Balken.
Die Fäden sind an den
Enden der Balken be-
festigt.

Der Schwanz wird mit
einem Stäbchen an zwei
Fäden geführt. Um die-
ses Stäbchen mit dem
Kreuz verbinden zu
können, zum Beispiel in
den „Ruhezeiten", genügt
es, das Trageholz des
Kreuzes zu durchbohren.
Das Stäbchen kann nach
Bedarf in das Loch
gesteckt werden.

Material
○ Rundholzstab ⌀ 12 mm,
   ca. 25 cm lang
○ Rundholzstab ⌀ 5 mm,
   ca. 20 cm lang
○ Rundholzstab
   ⌀ 5 – 6 mm, ca. 30 cm
   lang (für den Schwanz)

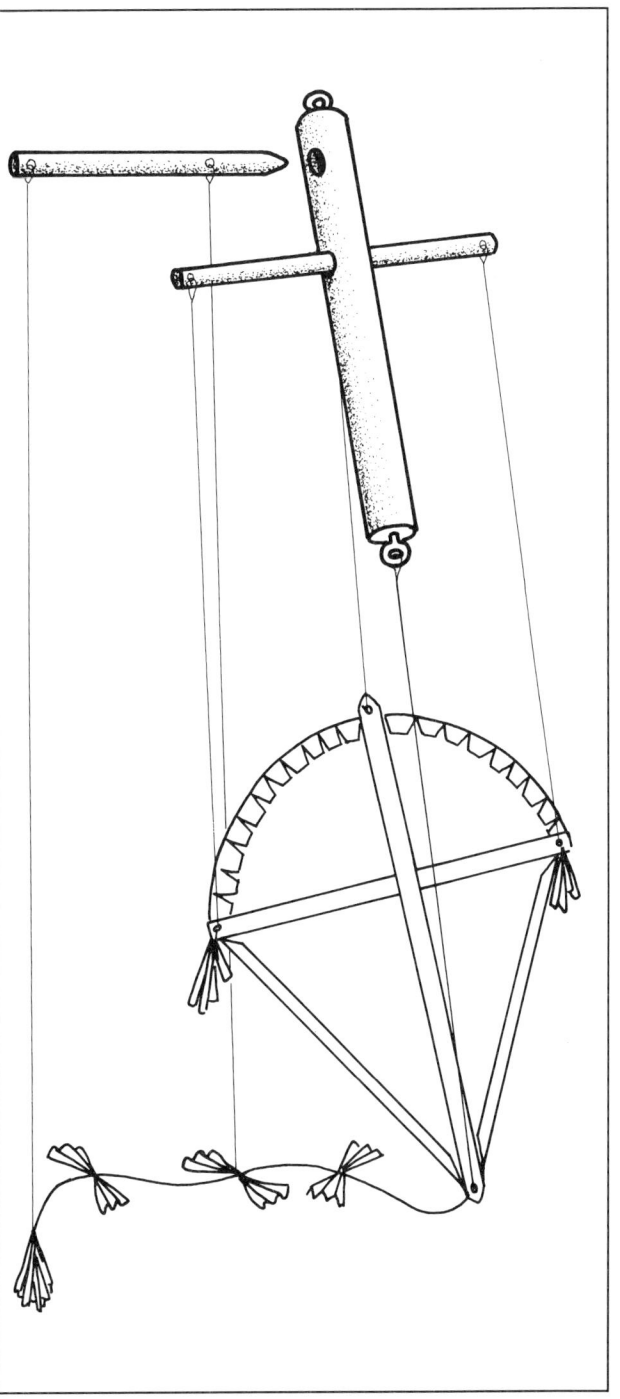

Marionetten an vier bis sechs Fäden

Die Teekanne

Material
- 1 Stück Hartschaum
  ca. 25 x 25 x 25 cm
- Sperrholz 6 – 8 mm
  15 x 25 cm
- 2 Rundholzstäbe
  Ø 6 mm, 4 cm lang
- 2 Stoffbänder,
  1 cm breit, 10 cm lang

Bei manchen Gestalten entsprechen frei pendelnde Beine und Arme besser ihrem Charakter als mit Fäden geführte Glieder. So zum Beispiel wirken bei dem Ball die ungeduldig zitternden Beinchen aus Spiralfedern besonders gut. Bei Gestalten, die sich ruhiger benehmen sollen oder bei denen man richtige Schritte erwartet, sind dagegen gelenkte Beine nötig.

Zu solchen Gestalten könnte vielleicht eine Teekanne gehören, eine solche, die seit der Zeit der Erzählungen von H. Ch. Andersen in den Märchen und damit auch auf der Puppenbühne keine unbekannte Person ist. Ähnlich wie der Ball wird auch die Teekanne als ein Kopffüßler gestaltet, und nur wenige Details sollen andeuten, daß es sich um kein gewöhnliches Geschirrstück, sondern ein Lebewesen handelt. Sogar die Beine sollten zunächst in ihrem Bauch versteckt bleiben, um dann im richtigen Augenblick zu erscheinen. Für die Anfertigung der Puppe kann man zum Beispiel eine echte Teekanne aus Aluminium verwenden oder – wie es auf den folgenden Seiten beschrieben ist – ihre Form aus Hartschaum schneiden. Das ist keine einfache Arbeit, man kann sie sich aber mit einfachen Schablonen aus Karton erleichtern. Es genügt eine Schablone für die Seitenansicht und jeweils eine andere für den Umfang des Bodens, des „Bauches" und des oberen Randes, um das Schneiden und Schleifen während der Arbeit kontrollieren zu können.

*Material
zum Kaschieren*
○ Zeitungspapier oder
  ein anderes, gut
  saugendes Papier in
  Streifen ca. 10 – 15 mm
  breit, 5 – 10 cm lang
  schneiden
○ Holzleim oder Kleister

Den Körper und den Deckel der Teekanne aus Hartschaum schneiden, danach mit 2 – 3 Schichten Papier
kaschieren. Dazu verwendet man schmale Papierstreifen, klebt sie sorgfältig, ohne mit Kleber zu sparen, auf
die Oberfläche der Kanne, einen neben den anderen,
und drückt die Luft unter dem Papier gut weg. Bei der
nächsten Lage legt man die Papierstreifen quer über
die vorherige Schicht.
Die trockene Kaschierung wird schließlich mit Schmirgelpapier geschliffen.
Der Körper der Kanne wird dann sorgfältig ausgehöhlt,
damit Platz für die versteckten Beine und Führungsfäden geschaffen wird.

Eine Scheibe aus Sperr-
holz (6 – 8 mm) aus-
schneiden und in ihre
vordere Hälfte eine Öff-
nung für die Beine und
Führungsfäden aussägen.
Die Scheibe als Boden
von unten an die Tee-
kanne ankleben.

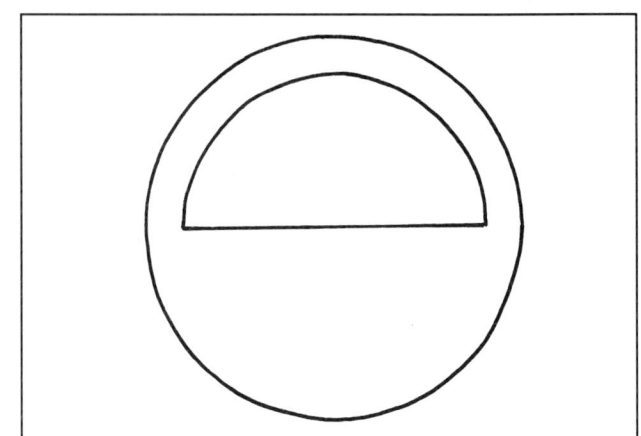

Die Beine sind aus oval
zugeschnittenen Sperr-
holzplättchen und Rund-
hölzern angefertigt. Der
Oberschenkel wird durch
ein Stoffband ersetzt.

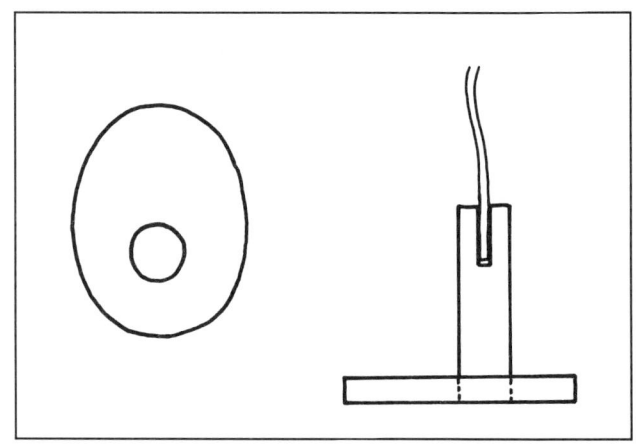

Die Grundform des Hen-
kels und der Tülle aus
Sperrholz ausschneiden,
mit Hartschaum model-
lieren und dann kaschie-
ren. Danach beide Teile
mit den Zacken an der
Kanne befestigen und je
mit einer Ringschraube
ausrüsten.

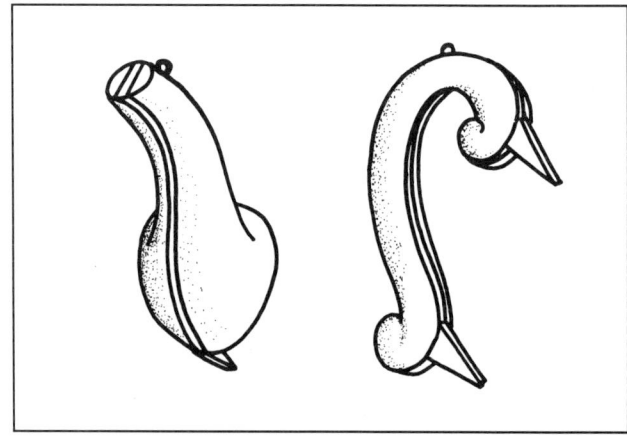

Die Hosen sind einfache Röhren aus weichem Stoff, die an dem Stoffband-Oberschenkel oben zugenäht werden.
Die fertigen Beine an der Bodenplatte mit Kleber befestigen, so weit auseinander, daß sie sich frei bewegen können.
Die Führungsfäden an den „Knien" befestigen – entweder an dem hölzernen Unterschenkel oder an dem Stoffband.

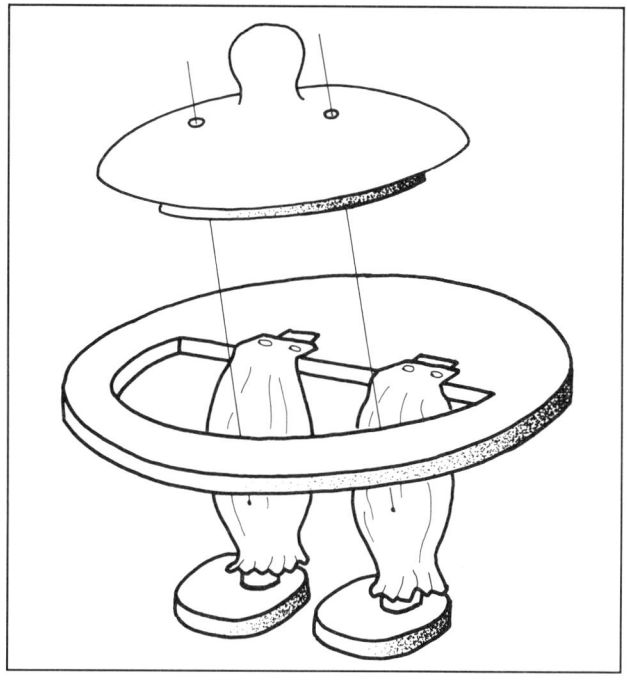

Führung der Teekanne

Die Teekanne kann mit vier Fäden geführt werden. Dafür genügt dann ein einfaches Spielkreuz aus zwei festen Balken, ähnlich wie für den Ball. An dem Trageholz sind die Fäden von Henkel und Ausguß befestigt. Die Länge dieses Holzes muß also der Entfernung zwischen den beiden Ringschrauben entsprechen. Mit dem Querbalken werden die Beine geführt. Er ist deutlich kürzer, da die Fäden ziemlich nahe nebeneinander laufen, damit sie nicht an den Innenwänden der Kanne reiben und sie nicht ins Schaukeln bringen. Die Fäden sind durch zwei Löcher im Deckel der Teekanne gezogen. Die Stellen, wo die Fäden durch den Deckel laufen sollen, muß man gut abmessen. Das läßt sich am besten mit Hilfe eines Kreises aus Papier machen. Man deckt damit die Kanne ab und schneidet ihn so ein, bis man die Punkte gefunden hat, wo die Fäden reibungslos durchgehen. Nach diesem Muster bohrt man dann die Löcher in den Deckel.
Der Deckel wird nicht draufgeklebt, damit eventuelle Korrekturen und Reparaturen leicht durchführbar sind.

Die Teekanne

Eine Spielidee für eine
kurze Improvisation.

Noch in der Schachtel verpackt stand sie auf dem
Tisch und wartete. Jetzt, es ist Nacht, alles schläft,
jetzt kann sie sich mit ihrem neuen Heim vertraut
machen! Vorsichtig öffnete sie die Schachtel und
wagte den Sprung auf die Tischplatte. Sie war stolz
darauf, daß man zwischen vielen anderen Teekan-
nen gerade sie ausgewählt und gekauft hatte. Aber
jetzt ist ihr ein bißchen bange. Das Tischtuch ist
nicht gerade frisch und der Tisch noch nicht auf-
geräumt. Da steht sie nun und nichts und niemand
kümmert sich um sie. Nur zwei Teetassen kichern
hinter der Schachtel und machen freche Anspielun-
gen auf ihren Deckel.
Es ist ja wahr, daß ihr Deckel ein wenig wackelt,
aber da ist doch ihr schöner Henkel, und die herr-
liche Tülle, die eigentlich viel mehr Aufmerksamkeit
verdienen!
Nur eine kleine Tasse aus Plastik freut sich lebhaft
über den neuen Ankömmling. Sie werden sich
bestimmt miteinander gut verstehen! Die anderen
da, das sind lauter Spießer aus Porzellan, die die
Nase rümpfen über die einfache Herkunft der Plastiktasse, doch die Teekanne hat sicher moderne
Ansichten! Und unter dem Tisch, dort ist richtig was
los! Man kann dort die zwei Pantoffeln treffen, die
sich im ganzen Haus auskennen, ja sogar im Schlaf-
zimmer. Was die alles erzählen können, das ist einfach Spitze! Und hups ist die kleine Plastiktasse hin-
untergesprungen.
Die Teekanne zögert auf der Tischkante. Wie gerne
möchte sie auch in die andere Welt hinunter springen! Aber bei dem Blick in die Tiefe wird ihr ganz
schwindelig. – Nein, nein, das geht nicht! Es gehört
sich nicht für eine Teekanne, Bekanntschaft mit
irgendwelchen Weltenbummlern zu machen. Und
außerdem trägt sie eine große Verantwortung, sie
muß an die Zerbrechlichkeit ihres Deckels denken!
– Und mit beklommenen Herzen kehrt die Teekanne
zu ihrer Schachtel zurück.

Die Teekanne; eine Marionette an vier Fäden

Spielkreuz mit sechs oder fünf Fäden

Soll sich die Teekanne nach allen Seiten neigen können, sind noch zwei Fäden an den Seiten ihres Körpers nötig. Zu dem Zweck setzt man in die „Schläfen" der Kanne kleine Holzdübel mit Ringschrauben ein. Die vier Fäden werden an den festen Armen des Kreuzes aufgehängt, und für die Führung der Beine wird an das Kreuz eine bewegliche Schwinge angebracht.

Man kann auch einen Faden, am besten den von der Tülle, auslassen und statt dessen den hinteren Teil der Kanne beschweren. Die Bodenplatte der Kanne bietet genügend Platz für ein Stück Blei.

Zwei Varianten des Spielkreuzes für die Führung an vier und an sechs Fäden zeigen die Bilder unten.

Spielkreuz mit vier Fäden

An dem Trageholz hängt die Kanne, mit dem Querbalken werden die Beine geführt.

Material
○ Rundholzstab ∅ 12 mm, ca. 23 cm lang
○ Rundholzstab ∅ 5 mm, ca. 12 cm lang

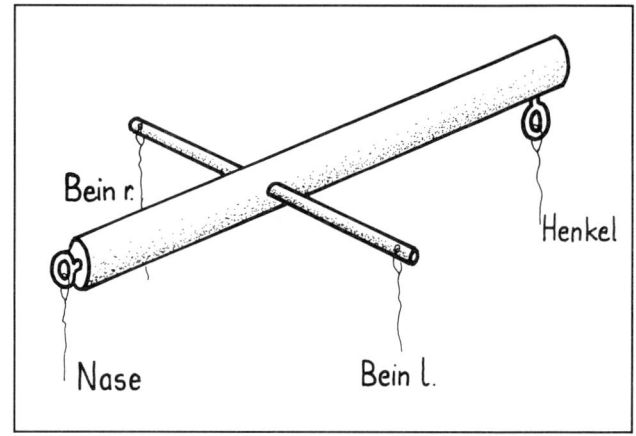

Spielkreuz mit sechs Fäden
Die Beine werden mit einer Beinschwinge gelenkt.

Material
○ Rundholzstab ∅ 12 mm, ca. 23 cm lang
○ Rundholzstab ∅ 5 mm, ca. 20 cm lang
○ Vierkantstab 10 x 5 mm, ca. 12 cm lang
○ Eisen-Schweißdraht ∅ 2 mm, ca. 6 cm lang

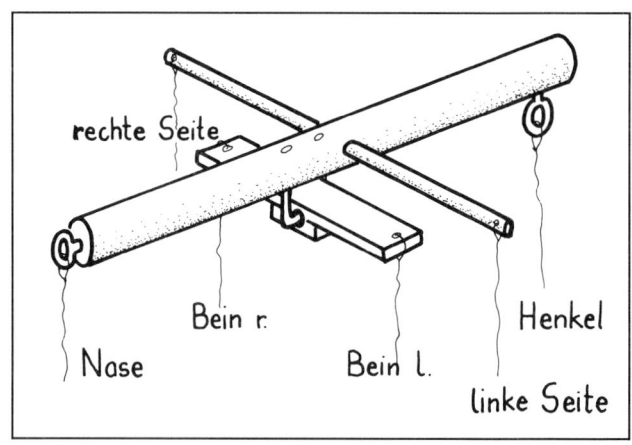

34

Der Dschinn mit Händen

Personifizierte Gegenstände und andere, ähnliche Kopffüßler brauchen normalerweise keine Hände. Ihr Kopf-Körper und seine Bewegungen sind selbst ausdrucksvoll genug. Bei manchen solchen Gestalten könnten die Arme sogar unorganisch wirken, und meistens müßten sie auch recht klein sein, damit sie den Proportionen der Puppe entsprechen. Dann sind sie aber zu klein, und die Gestikulation der Hände wird nur sehr wenig die Körpersprache der Puppe bereichern. Als ein Beispiel dafür kann der Ball dienen (siehe Seite 18). Bekäme er Arme, die der Größe seiner Beine angepaßt sind, so wären sie ganz kurz und er könnte sich nicht einmal an der Nase kratzen. Wo sollten sie auch angesetzt werden? Und was bringen dem Bällchen lange Arme, die der Größe des Kopfes entsprechen? Würden sie nicht an Spinnenbeine erinnern und das kindliche Aussehen des Bällchens zerstören?

Bei den menschlichen und menschenähnlichen Gestalten wiederum können gerade die Hände eine wichtige Rolle spielen, und es sind besonders die Marionetten an Fäden, die zu einem fein nuancierten Spiel mit Händen gut geeignet sind. Um es zu ermöglichen, wurden verschiedene, auch sehr komplizierte Arm- und Handgelenke entwickelt. Für den Anfang empfiehlt sich aber, mit einer technisch einfachen Art des Baus der Arme zu beginnen.

In diesem Fall werden die Arme nicht aus festen Materialien gebaut und gegliedert. Als Arm dient eine weiche Schnur, und auch die Hand wird aus einem weichen Material angefertigt. Eventuell muß noch die Hand beschwert werden, damit man sie gut lenken kann.

Arme, die so wirken, als hätten sie keine Knochen, vor allem wenn sie ziemlich lang sind, passen gut zu solchen Marionetten wie dem Dschinn (vgl. Seite 14). Da er damit für eine anspruchsvollere Rolle ausgestattet wird, verdient er es, daß auch das Spiel mit seinem Kopf um neue Möglichkeiten bereichert wird. Dazu genügen drei Fäden. Der eine Faden wird an seinem schweren Hinterkopf befestigt, die anderen zwei Fäden führen zu den Schläfen.

Der Dschinn an fünf Fäden

Material
○ Hartschaum für den Kopf und leichtes Tuch für den Umhang (siehe Seite 14)
○ 2 weiche Schnüre, 20–25 cm lang
○ 2 Holzdübel
○ 2 Holzperlen Ø 2 cm
○ Leder oder Filz für die Hände
○ Stoff für die Ärmel, ca. 25 x 50 cm
○ 2 Ringschrauben

Die Schnüre, die die Arme ersetzen, mit Holzdübeln am Hinterkopf befestigen. Dort, wo sich die Schultern der Figur vermuten lassen, kommen sie aus dem Kleid heraus. An den Enden der Schnüre knotet man Holzperlen an.

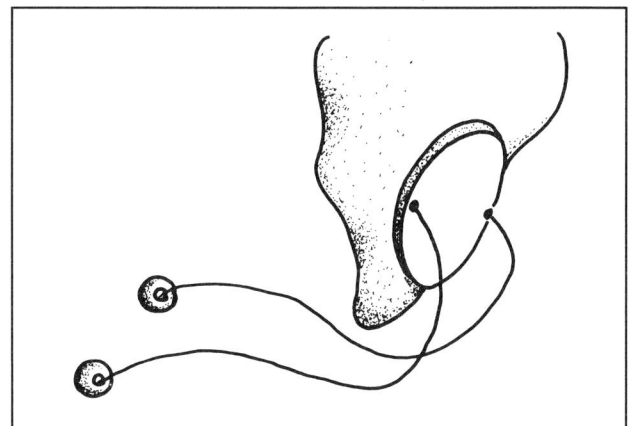

Die Hände aus Filz (eventuell aus zwei Schichten) oder aus Leder ausschneiden und an die Holzperlen kleben. Danach in die Hände Ringschrauben oder Ösen aus Draht von oben einsetzen.

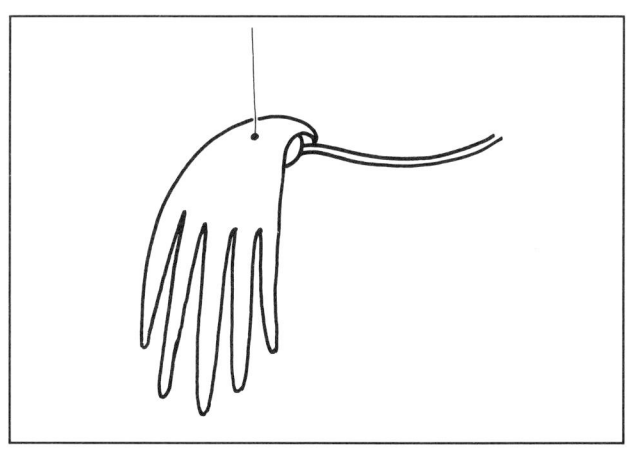

Die Ärmel sind einfache Dreiecke aus leichtem Tuch, wie der Umhang der Figur. Sie sind an der „Schulter" und am „Handgelenk" an die Schnur genäht.

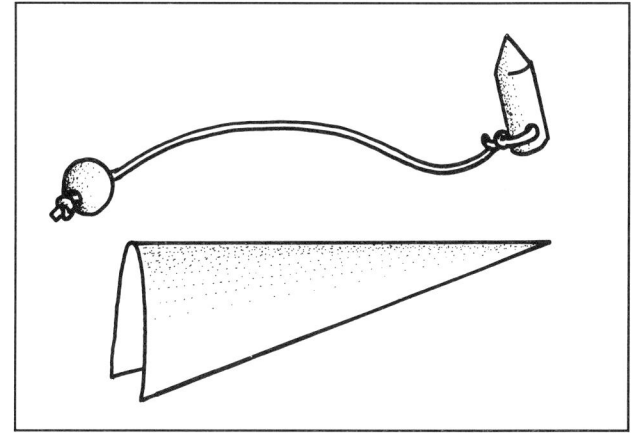

37

Für die Führung des Kopfes eignet sich ein ähnliches Spielkreuz wie für den Ball. Dabei muß lediglich die Länge der Balken der Größe des Kopfes vom Dschinn angepaßt werden.

Für die Handfäden ist noch ein zusätzlicher Balken nötig, der vorne an dem Trageholz angebracht wird. Bei Marionetten mit kurzen Armen genügen zwei Ringschrauben oder Löcher in diesem Balken, in denen dann die Handfäden befestigt werden.

Der Dschinn braucht aber, um bei seinem langen Körper eine gute Wirkung zu erzielen, relativ lange Arme. Die Arme sind so lang, daß der Spieler sie nicht mit den Fingern einer Hand breit ausstrecken kann. Damit dies dennoch möglich wird, gibt es ein einfaches Hilfsmittel: Der obere Teil der Fäden, gleich unter dem Spielkreuz, wird durch Rundholzstäbchen ersetzt. Die Länge der Stäbchen richtet sich dabei nach der Länge der Arme. Eine andere Möglichkeit zeigt das Bild (unten): Die Stäbchen sind an dem Querbalken mittels weicher Riemchen aufgehängt.

*Spielkreuz für den
Dschinn mit langen
Armen.*

KL, KR, KH = Kopf links, rechts, hinten.
HR, HL = Hand rechts, links.

Material
○ Rundholzstab ∅ 12 mm,
   ca. 18 cm lang
○ Rundholzstab ∅ 5 mm,
   ca. 16 cm lang
○ 2 Vierkantstäbe
   10x5 mm, ca. 20 cm
   lang
○ 2 weiche Riemchen,
   ca. 5 cm lang
○ 4 Holzperlen ∅ 10 mm
○ 1 Ringschraube

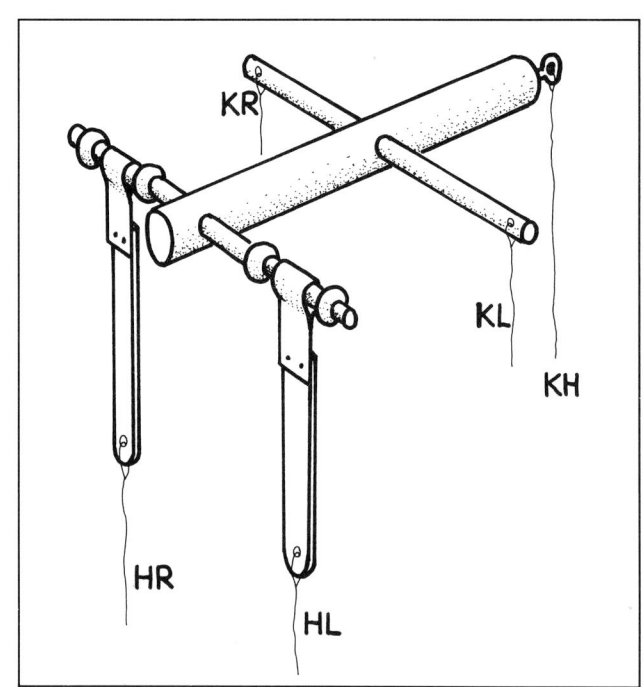

Marionetten an neun Fäden

Die Zahl der Führungsfäden, die eine Marionette benötigt, entscheidet nicht im geringsten über ihre Qualitäten und ihre Wirkung auf den Zuschauer. In den Händen eines noch wenig geübten Spielers wird sogar eine einfache Marionette deutlich besser ihre Aufgabe erfüllen als eine Marionette mit einer komplizierten Führung, die aber nicht vollkommen beherrscht wird. Deswegen wird in diesem Buch auch mit einfachen Modellen begonnen, bevor man sich der menschlichen Gestalt zuwendet.

Wenige Führungsfäden lassen der Marionette mehr Freiheit. Man kann von ihr mehr Spontaneität und mehr Temperament erwarten. Mehrere Fäden geben der Marionette die Möglichkeit, auch fein nuancierte Bewegungen durchzuführen und bereichern ihre ganze Körpersprache – ihre Vitalität muß aber in gewissen Grenzen gehalten werden.

Eine Marionette, die eine menschliche Gestalt darstellt und gehen, sich setzen, legen, knien, sich tief beugen, den Kopf bewegen und mit den Händen gestikulieren soll – eine solche Marionette braucht üblicherweise neun Fäden. Bei dem Bau einer derartigen Marionette sollte man schon mit einem gründlichen Entwurf und einem genauen Bauplan beginnen. Für den Anfang ist es am besten, wenn man eine einfache Silhouette der geplanten Puppe zeichnet und sie dann als Ausgangspunkt für den Bau nimmt.

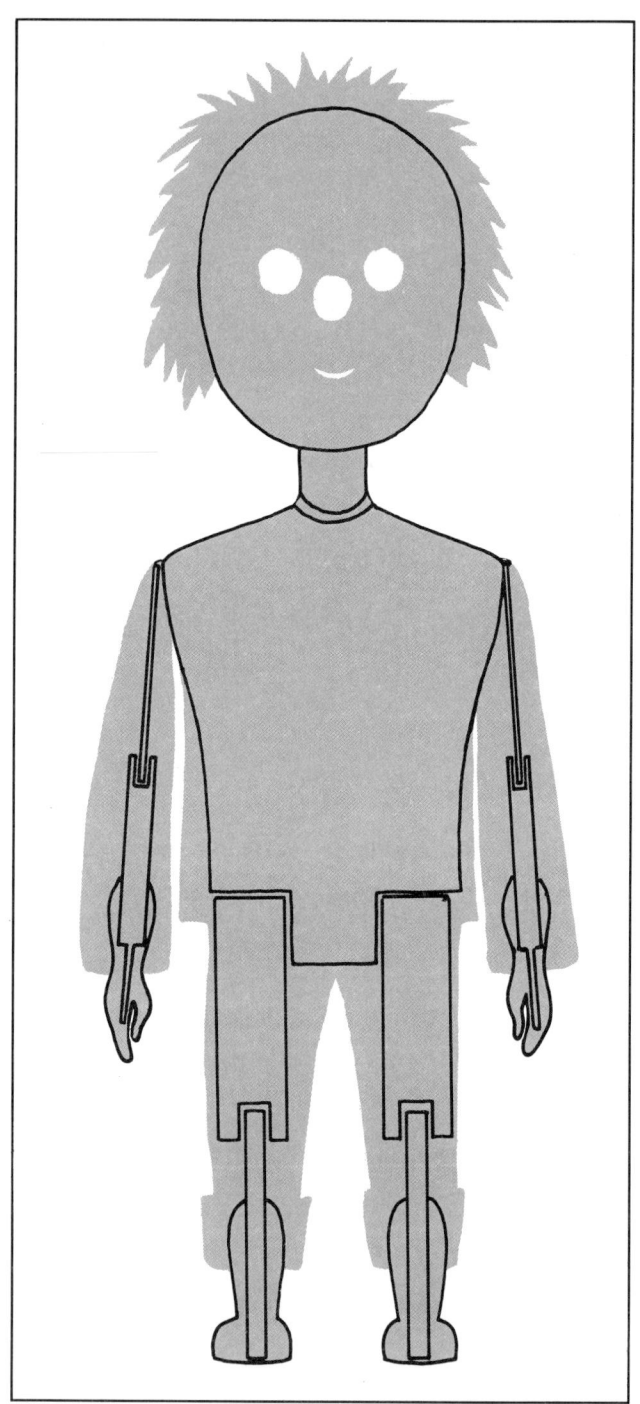

Die geplante Marionette in der richtigen Größe im Umriß zeichnen, im Profil und von vorne. In die Zeichnungen dann die einzelnen Körperteile und ihre Gliederung eintragen. Je genauer die Zeichnungen sind, desto leichter ist der Bau der Puppe.

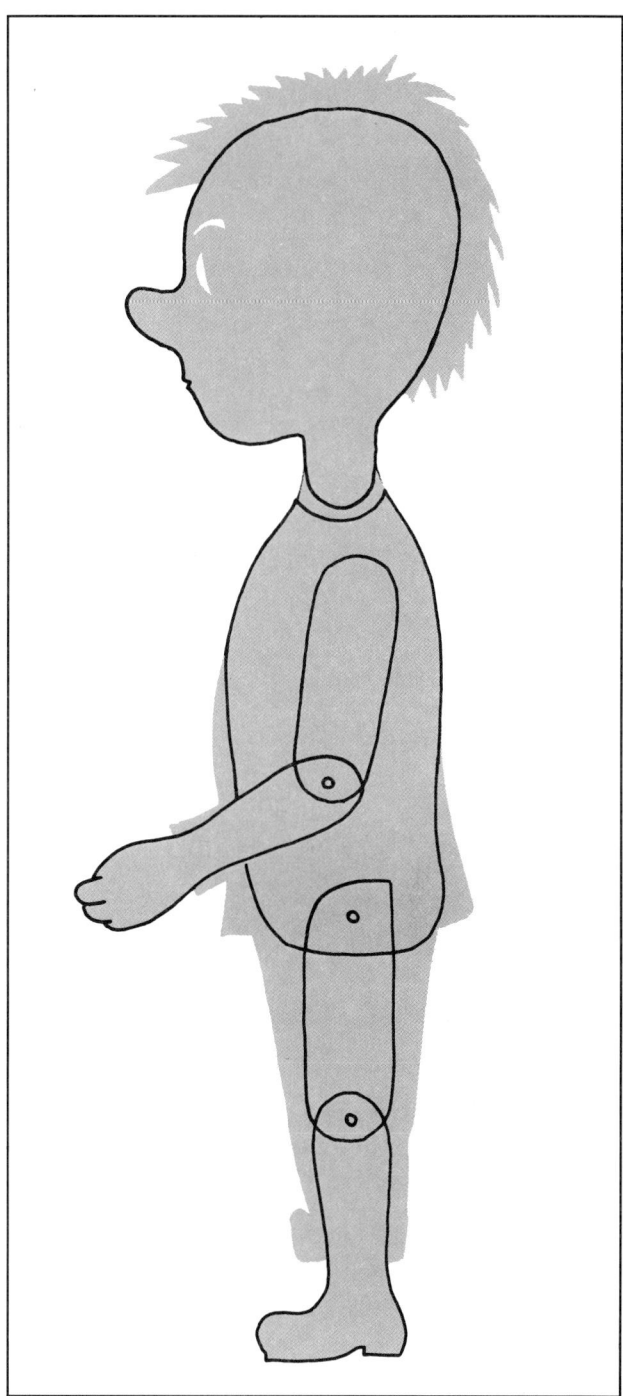

Material
- ○ Sperrholz 10 – 12 mm,
  ca. 10 x 40 cm
- ○ Sperrholz 6 mm,
  ca. 10 x 20 cm
- ○ Sperrholz 2,5 – 3 mm,
  ca. 10 x 20 cm
- ○ geflochtene Schnur
  (z.B. runde Schnür-
  senkel), ca. 30 cm
- ○ Hartschaum,
  ca. 4 x 20 x 20 cm
- ○ Modelliermasse
- ○ Eisen-Schweißdraht
  ∅ 2,5 mm, ca. 20 cm
  lang

Die Angaben gelten für
eine etwa 35 cm große
Marionette.

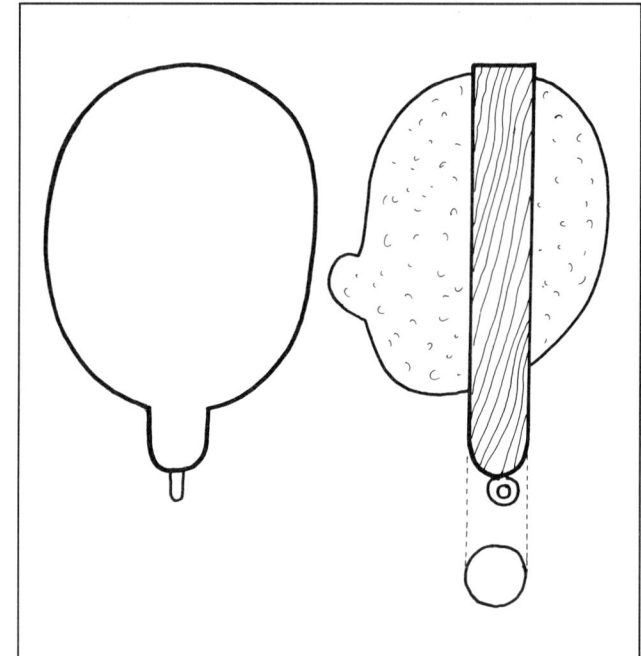

Den Grund des Kopfes
bildet eine 10 – 12 mm
dicke Sperrholzplatte.
Den Hals abrunden und
von unten mit einer Ring-
schraube versehen.

Der Rumpf wird aus drei
Sperrholzschichten
(je 10 – 12 mm) zusam-
mengeklebt. Der obere
Teil der mittleren Schicht
(ca. 1/3) wird abgesägt.
Er muß abnehmbar
bleiben und wird später
nur mit Schrauben in der
Spalte zwischen den
zwei anderen Schichten
gehalten. In diesen Teil
schneidet man noch von
unten ein halbrundes
Loch (siehe Abbildungen
auf Seite 46).

Zwischen den Schultern
wird eine schüsselartige
Grube für den Hals aus-
geschliffen. Der Rumpf
wird dann mit Hart-
schaum modelliert.

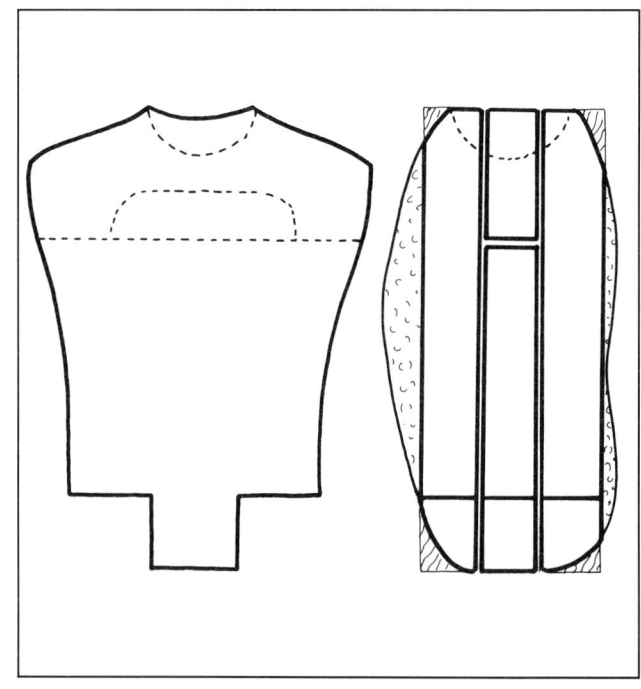

Die Teile für die Arme aus Sperrholz (bis 3 mm) aussägen: a = Oberarm, b, d = äußere Teile des Unterarmes, c = mittlerer Teil des Unterarmes. Erst die Funktion des Gelenks prüfen, dann die Teile zusammensetzen. Im Ellbogen muß sich der Arm mindestens im rechten Winkel drehen lassen.

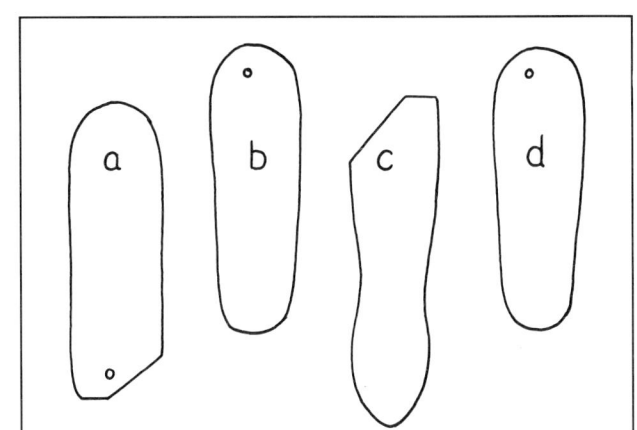

Im Ellbogengelenk kann als Stift ein kleiner Nagel verwendet werden. Damit er nicht herausrutscht, genügt es, seinen Kopf mit einem Papierpflaster zu sichern. Für eine Reparatur des Gelenks läßt sich das Papier leicht entfernen.

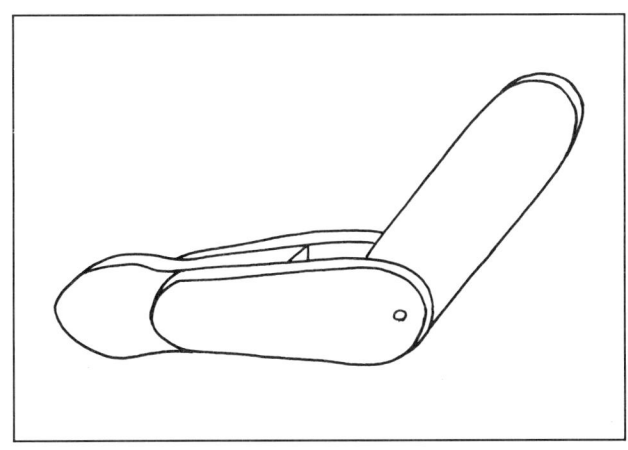

Für die Beinteile das Sperrholz (6 mm) verwenden. Das Kniegelenk muß leicht beweglich sein und der Puppe das Knien erlauben.

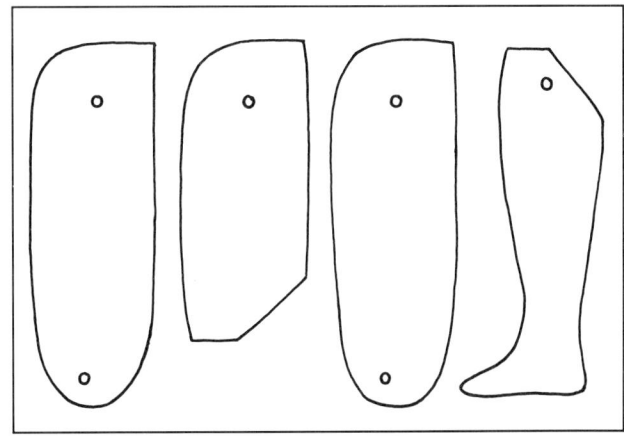

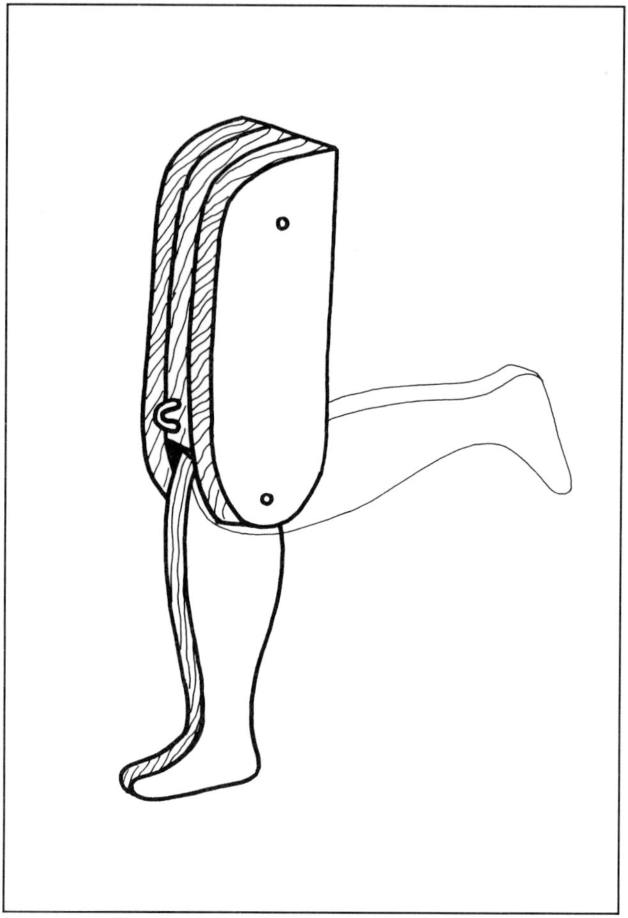

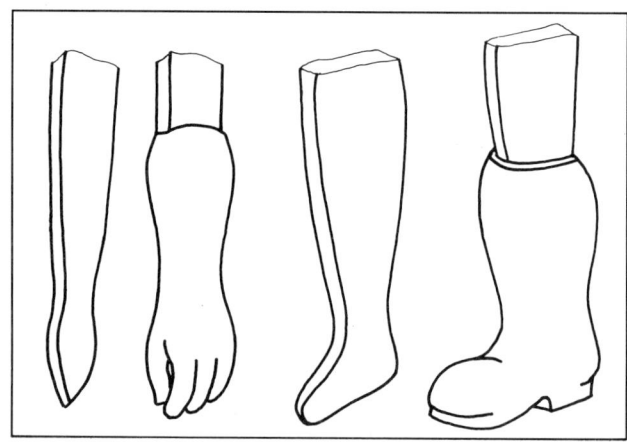

Das Zusammensetzen der Beine wird ähnlich wie bei den Armen ausgeführt.

Die Hände und die Füße (oder Schuhe) mit Modelliermasse auf dem Sperrholzgrund formen. Es ist günstiger, die Hände mit zusammengedrückten Fingern zu modellieren. Die breit ausgestreckten Finger haken sich sonst leicht an dem Kleid der Puppe fest.

44

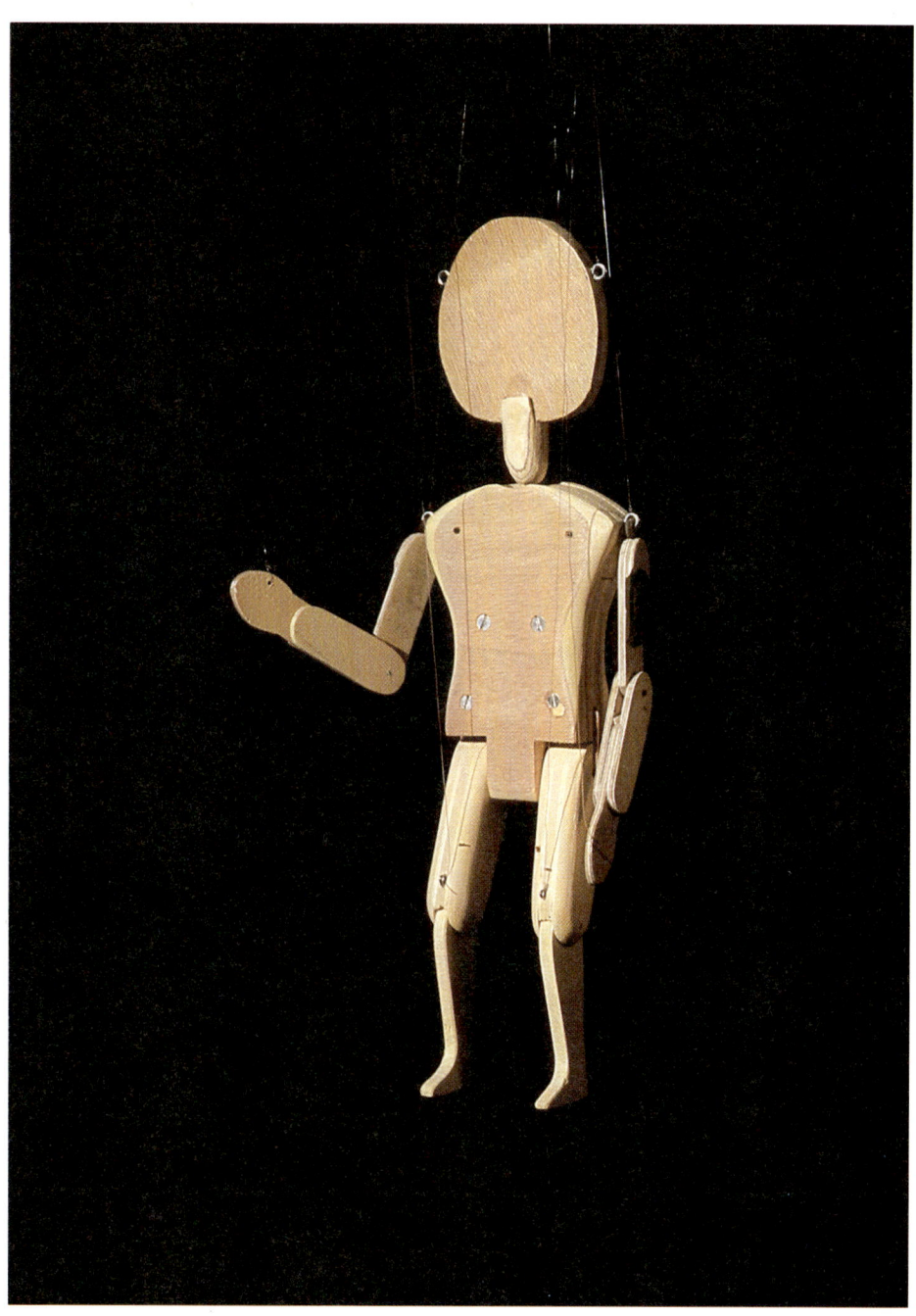

Das Skelett einer Marionette

Zusammenbau

Kopf

In den abnehmbaren Teil des Rumpfes zwei Löcher schräg einbohren, so daß sie in dem tiefsten Punkt der Grube münden. Eine Schnur durch die Löcher ziehen und damit den Kopf an den Rumpfteil binden. Die Schnur in der Aushöhlung knoten.

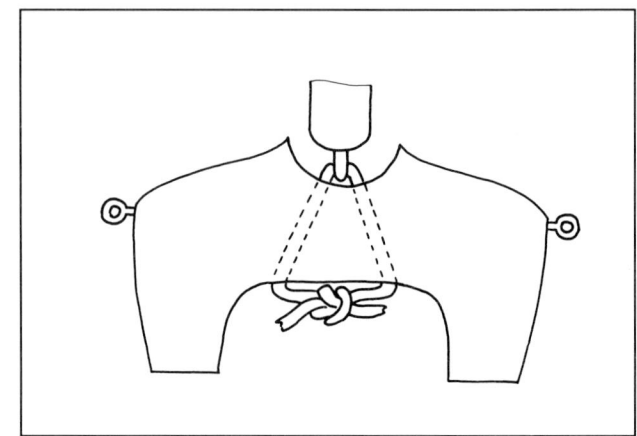

Arme

Den Arm am oberen Ende mit Sperrholz verdoppeln und durchbohren. Den Arm mit einer Schnur in der Ringschraube an der Schulter aufhängen. Der Arm muß sich in diesem Gelenk in allen Richtungen frei bewegen können.

Beine der Marionette

Die Anfertigung der Beine und ihrer Gelenke verdient eine besondere Aufmerksamkeit. Zu leichte Beine werden meistens von der Bekleidung der Puppe an ihren Bewegungen gehindert, zu schwere Beine dagegen ziehen bei jedem Schritt den ganzen Körper der Puppe mit sich. Aus diesem Grund muß der Schwerpunkt der Marionette immer im unteren Teil des Rumpfes liegen. Wie auch bei allen anderen empfindlichen Teilen der Marionette, empfiehlt es sich, die Beine so an den Körper zu montieren, daß sie für eine eventuelle Korrektur leicht abnehmbar sind. Auch lassen sich auf diese Art immer wieder Veränderungen an der Marionette vornehmen.

Hüften

Aus einem Schweißdraht zwei U-förmige Haken biegen. Der Breite der Haken entsprechende Löcher in die Hüften der Puppe bohren und die Oberschenkel an der genau abgemessenen Stelle durchbohren. Der Haken wird in die Löcher im Rumpf gesteckt. Das Bein darf sich im Gelenk nur so viel nach hinten bewegen, daß die Puppe gut stehen kann. Vorne muß sich der Schenkel so hoch heben lassen, daß sie sitzen kann.

Letzte Korrekturen vor dem Bemalen und Kostümieren

Bevor die komplette Marionette bemalt und bekleidet wird, lohnt es sich, sie probeweise aufzuschnüren und ihre Spielfähigkeit auszuprobieren. Dabei lassen sich eventuelle Mängel noch leicht beseitigen. Das können ungleichmäßige Glieder, reibende Gelenke, ein zu leichter Rumpf und ähnliche Fehler sein.

Man muß damit rechnen, daß die Bekleidung die Beweglichkeit der Marionette deutlich bremsen wird, vor allem in den Hüften, Knien und Ellbogen.

47

Spielkreuz

Es gibt viele Arten und Formen des Spielkreuzes, und jeder kann die Art bevorzugen, die ihm am besten gefällt. Wichtig ist, daß das Spielkreuz handlich ist, die Führungsfäden übersichtlich und gut greifbar verteilt sind und daß das Kreuz an die Form und die Größe der entsprechenden Marionette so gut wie möglich angepaßt ist.

Ein Spielkreuz, das sich gut bewährt hat, ist das senkrechte Kreuz, dessen Konstruktion auf den nächsten Seiten erklärt wird. Die Angaben über die Ausmaße gelten nur ungefähr, sie entsprechen einer durchschnittlich großen Hand und einer Marionette von etwa 30 – 40 cm.

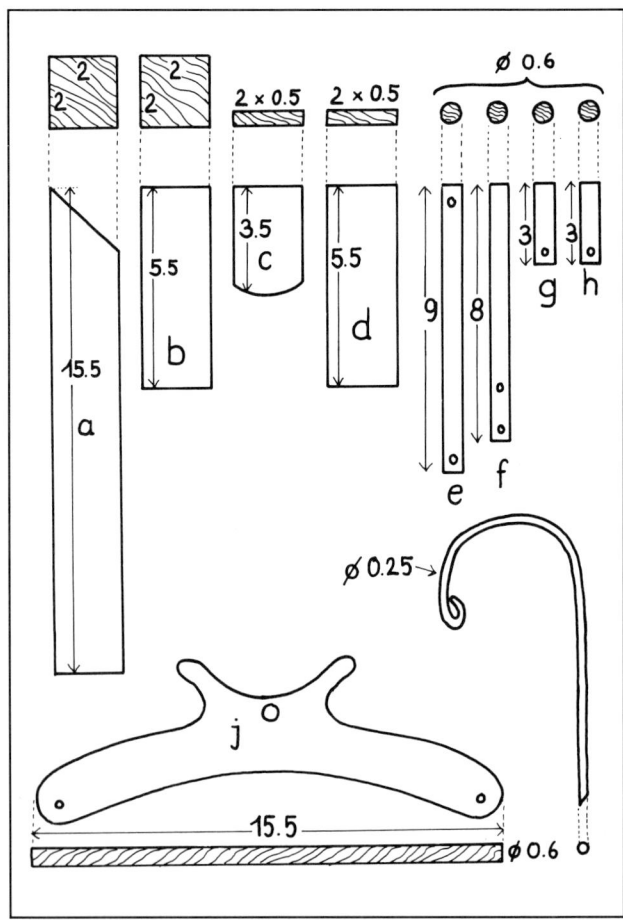

Material
Vierkantstäbe, Rundstäbe, Sperrholz 5 mm, Eisen-Schweißdraht, Ringschrauben

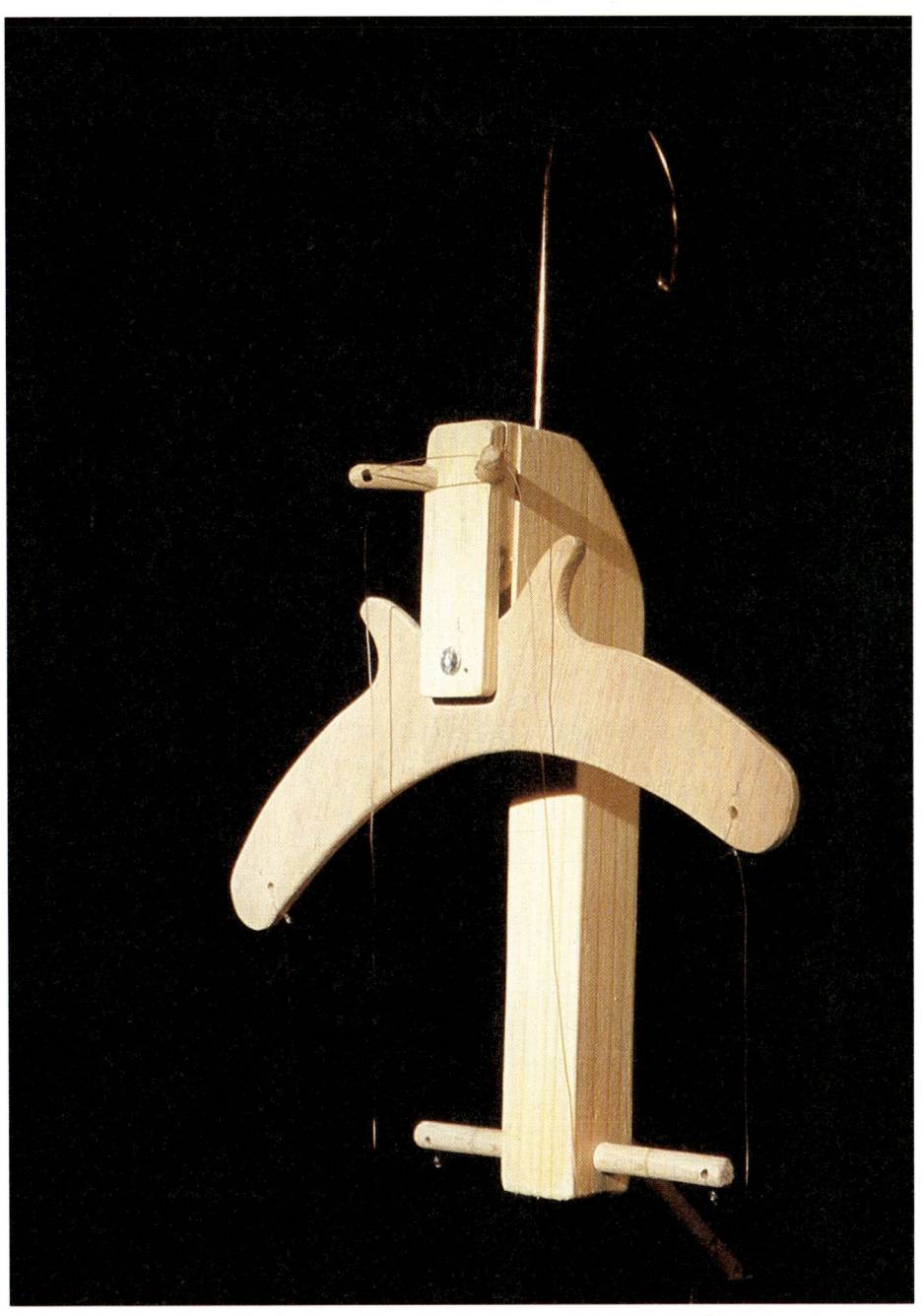

Spielkreuz

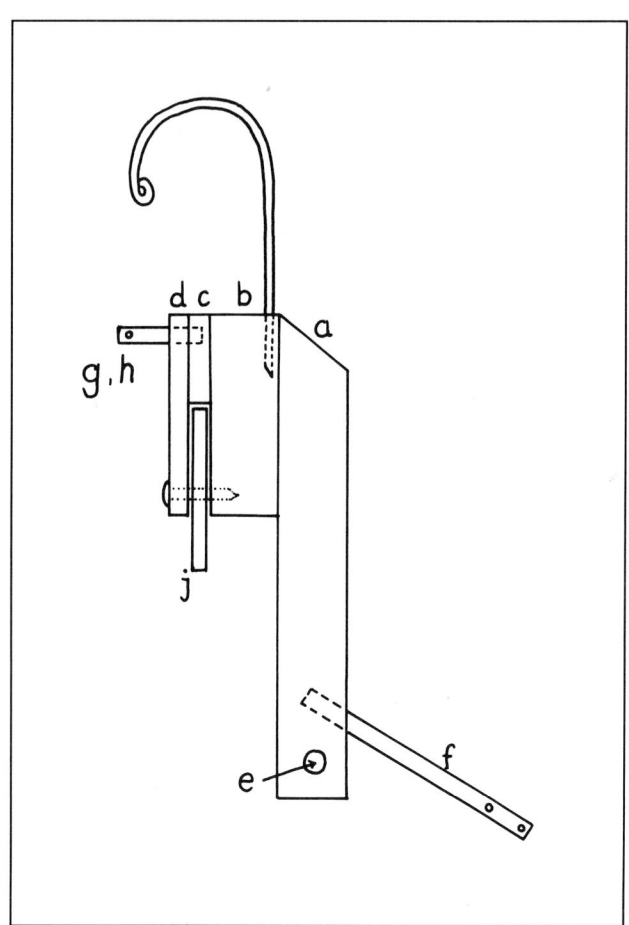

Bei der Seitenansicht des Spielkreuzes wird deutlich, wie es zusammengesetzt ist.

Zusammensetzen des Spielkreuzes

Die vorgefertigten Teile des Spielkreuzes werden dann in der Art und Weise zusammengesetzt und zusammengeklebt, wie es in dem Bild (oben) gezeigt ist. Man muß dabei darauf achten, daß die Beinschwinge, der einzig bewegliche Teil des Kreuzes, genug Spielraum hat, um die Beine hochheben zu können. Damit sich die Beinschwinge reibungslos in ihrem Lager bewegt, ist es eventuell nötig, sie leicht abzuschleifen.
Die Kanten des senkrechten Trageholzes kann man mit Schleifpapier leicht abrunden.
Das Spielkreuz wird schließlich noch mit einem Haken aus Schweißdraht ausgerüstet, der zum Aufhängen der aufgeschnürten Marionette dient.

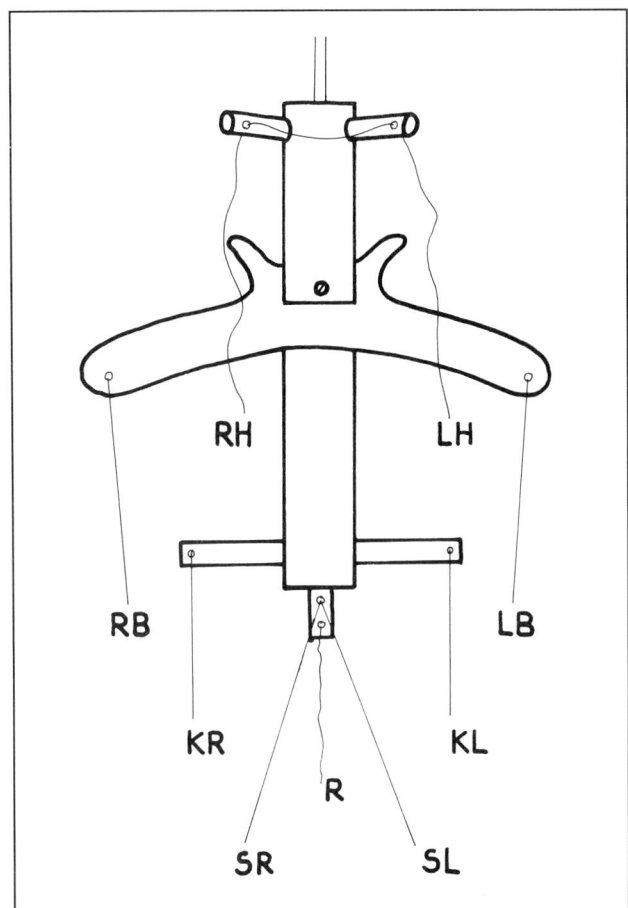

Aus der Frontalansicht des Spielkreuzes geht hervor, wo die Fäden befestigt werden.

KL, KR = Kopf links, rechts
LH, RH = Hand links, rechts
SL, SR = Schulter links, rechts
LB, RB = Bein links, rechts
R = Rücken

Die für die Anbringung der Schulterfäden günstigste Stelle am schrägen „Dorn" des Kreuzes muß man durch mehrfaches Probieren genau bestimmen.
Zu diesem Zweck bohrt man mehrere Löcher an nebeneinander liegenden Stellen in den Dorn und probiert, wohin die Schulterfäden gehören, damit die Puppe den Kopf richtig hält.
Ähnlich muß man auch die passende Stelle für die Beinfäden an der Schwinge aussuchen. Zu weit auseinander laufende Fäden ziehen zum einen die Knie der Marionette zur Seite und schränken zum anderen oft auch die Gestikulationsmöglichkeiten der Hände ein.

Aufschnüren

Das Aufschnüren der Marionette muß sorgfältig und mit Geduld durchgeführt werden. Jede Ungenauigkeit des Aufschnürens spiegelt sich wider in dem Spiel der Puppe.

Die Länge der Führungsfäden hängt von den Spielbedingungen ab. Kurze Fäden erleichtern wesentlich das Spiel. Einem Anfänger kann man nur empfehlen, daß er den Boden der Bühne etwa in Höhe seiner Knie hat. Dann braucht er für eine etwa 35 cm große Marionette ungefähr 40 cm lange Schnüre. Er soll stehend spielen und das Spielkreuz in einer bequemen Höhe vor seiner Brust halten.

Zum Aufschnüren eignen sich alle solche Fadenarten, die fest genug sind und möglichst wenig auffallen. Gute Dienste leistet ein festes Nähgarn. Häufig verwendet man auch Perlonfäden. Diese erfordern mehr Übung beim Knotenbinden und dehnen sich, was aber bei kleinen Marionetten an kurzen Schnüren ohne Auswirkungen bleibt.

Schulter

Beim Aufschnüren lohnt es sich, das Spielkreuz an einem Stativ oder an einer Konsole an der Wand so zu befestigen, wie es beim Spielen gehalten wird. Das Aufschnüren beginnt man mit den Schulterfäden, an denen die Marionette hängt. Sie führen von den Ringschrauben an den Schultern zu einem gemeinsamen Loch in dem schrägen Dorn des Kreuzes.

Kopf

Danach wird der Kopf aufgeschnürt. Die Fäden von den Ringschrauben in den Schläfen sind an dem unteren Balken des Kreuzes befestigt. Je nach Länge der Fäden hält die Puppe den Kopf geneigt oder gerade.

Beine

An den Beinen sind die Fäden an den Oberschenkeln, in der Nähe der Knie, befestigt und werden mit der beweglichen Schwinge am Spielkreuz geführt. Die Fäden müssen gespannt sein, beide gleichmäßig, so daß die Beine auf jede kleinste Bewegung der Schwinge reagieren.

Sollten die Schulterfäden einen breiten Kopf bei der Bewegung behindern, befestigt man kurz unter dem Spielkreuz ein Stäbchen so an den Fäden, daß sie breit auseinander gehalten werden.

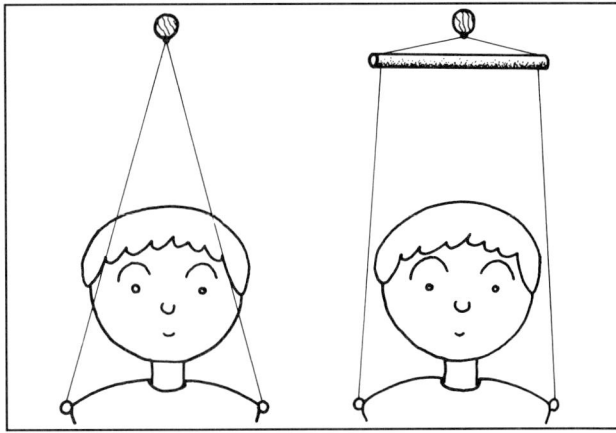

Hände

An den Händen werden die Fäden in den dafür gebohrten Löchern in den Handflächen befestigt. Am Spielkreuz sind für diese Fäden zwei schräg eingesetzte Stifte vorgesehen. Entweder sind die Hände einzeln aufgehängt oder – was in manchen Fällen für das Spiel günstiger ist – an einem einzigen Faden, der von der einen Hand durch die Löcher in den Stiften zu der anderen Hand läuft. Die Fäden für die Führung der Hände müssen locker sein, damit die Arme frei pendeln können.

Rücken

Der letzte Faden hilft der Marionette beim Beugen, Aufstehen und bei ähnlichen Bewegungen des ganzen Körpers. Er ist am Ende des schrägen Dornes am Spielkreuz befestigt und führt zu einer Öse (Ringschraube) am Rücken der Puppe, etwa in der Höhe ihrer Taille. Dieser Faden muß so lang sein, daß nicht einmal bei der tiefsten Neigung des Kopfes der Rumpf der Puppe zuckt.

Schon eine solch einfache Marionette, die nur mit neun Fäden geführt wird, kann auch anspruchsvolle Aufgaben erfüllen. Man darf nur nicht von ihr erwarten, daß sie wirklich alles machen kann. Sie kann zum Beispiel nicht rückwärts laufen, sich nicht auf die Fußspitzen stellen, nicht mit den Händen klatschen, die Beine nicht ganz hochheben. Dazu müßte sie noch Fußgelenke, Handgelenke, gegliederten Rumpf und dazu auch eine entsprechend ergänzte Führung haben. Nun, solch komplizierte Marionetten sollte man erst dann in Angriff nehmen, wenn man genug Erfahrungen mit dem Bau und auch beim Spiel mit einfacheren Formen gesammelt hat, um sich manche unnötige Enttäuschung zu ersparen.

Man muß damit rechnen, daß eine nackte Marionette wesentlich beweglicher ist, als eine bekleidete. Das Kleid wird vor allem in den Ellbogen, Hüften und Knien ihre Beweglichkeit mindern, ja sogar hemmen. Wenn es sich also um eine Puppe handelt, die eine würdige, besonnene Gestalt darstellen soll, ist es nicht nötig, die scheinbar zu lockeren Gelenke gleich zu korrigieren. Die Bekleidung wird sehr wahrscheinlich die undiszipliniert wirkende Unruhe der Puppe ausreichend bremsen. Nötigenfalls wählt man für ihr Kleid weniger weiche Stoffe, die die Beweglichkeit dann ganz besonders einschränken.

Eine junge Gestalt, die eine ungehemmte Vitalität zeigen soll, braucht andererseits eine Bekleidung, die ihr eine große Bewegungsfreiheit gewährt. Wenn die Ärmel oder die Hose die Beweglichkeit einschränken, kann man auch die Unterarme und die unteren Teile der Beine beschweren. Man kann zum Beispiel die Hände und Füße aus einer schwereren keramikartigen Knetmasse modellieren oder in die modellierten Teile jeweils ein Stückchen Blei einbringen. Glieder, die so präpariert sind, lassen sich trotz hemmender Kleidungsstücke gut bewegen.

Bemalen und Kostümieren

Bemalen

Die mit Papier kaschierten Teile ebenso wie die aus verschiedenen Knetmassen modellierten Teile der Puppen lassen sich gut mit wasserlöslichen Farben aller Art bemalen. Es eignen sich dafür gut Plaka-, Acryl-, Aquarell- und ähnliche Farben. Gut deckende Farben brauchen eventuell überhaupt keine Grundierung, sonst kann man zum Beispiel weiße Latexfarbe zum Grundieren verwenden.

Zu bunte Bemalung kann das Gesicht der Puppe sehr leicht unverständlich machen. Auch verliert eine Bemalung mit vielen Details aus größerer Entfernung immer viel von ihrer Wirksamkeit. Grundsätzlich gilt also, daß eine einfache Bemalung der Puppen am besten wirkt. Wichtige Details im Gesicht der Puppe sollten möglichst immer plastisch ausgeführt werden. Wenn die Puppen für Auftritte bei künstlicher Beleuchtung bestimmt sind, sollte man sie auch bei Kunstlicht bemalen, weil manche Farbtöne dabei ganz anders wirken als bei Tageslicht.

Besonders bei kleinen Figuren sollte man sparsam mit der Farbe umgehen. Normalerweise genügt eine passende Hautfarbe und eine mit dunkleren und helleren Farbtönen verdeutlichte Modellierung. Dazu kommen dann noch die Augen, die meistens das wichtigste Detail im Gesicht der Puppe überhaupt sind, und vielleicht Augenbrauen und Mund.

Kopf mit Haaren aus Fellimitation

Kopf mit Haaren und Bart aus Jutefasern

Perücken und Bärte

Haare und Bärte können wie der Kopf aus Knetmasse modelliert und angemalt werden. Sie wirken zwar hart und starr, aber sie behalten ihre Form, auch wenn der Kopf der Puppe mit den Fäden in Berührung kommt – was sich nie völlig vermeiden läßt.

Sonst gibt es genügend verschiedene Materialien, die sich zur Anfertigung der Perücken und Bärte gut eignen. Das kann Wolle sein, Kunststoffasern, Fell, Filz- oder Lederstreifen und vieles andere. Verschiedene Beispiele dafür findet man bei den in diesem Buch abgebildeten Marionetten.

Kostümieren

Die Bekleidung der Puppen sollte ohne besondere Gründe nicht zu bunt sein. Beim Kostümieren muß man berücksichtigen, daß sich die Figuren vom Hintergrund abheben sollen. Für Figuren, die vor einem dunklen Hintergrund auftreten, wählt man deshalb lieber hellfarbige Stoffe, und umgekehrt vermeidet man eine zu blasse Bekleidung der Puppen auf einer hell dekorierten Bühne.

Die übliche Bekleidung der Marionetten mit menschenähnlichem Körperbau unterscheidet sich von dem menschlichen Kleid eigentlich nur durch die Vereinfachung. Und so ist es auch mit den Zuschnitten. Da jede Naht das Kleid versteift, verzichtet man möglichst auf komplizierte Zuschnitte, ja sogar auf Säume. Und um die Beweglichkeit der Puppen nicht zu vermindern, wählt man für ihre Kleider sehr weiche, fließende oder dehnbare Stoffe, vor allem für die Ärmel und Hosen. Nur der Rumpf, wenn er nicht in der Taille gegliedert ist, darf mit festen Stoffen oder sogar mit Leder oder Blech bekleidet werden.

Man muß auch rechtzeitig daran denken, wie das Kleid der Marionette angezogen werden soll. In vielen Fällen müssen die Puppen teilweise auseinandergenommen oder die Kleidungsstücke auf dem Leib der Puppe zusammengenäht werden.

Die Hosen

Zunächst die Puppe genau abmessen (Taille, Hüften, Beine). Die Hosen müssen so weit sein, daß die Marionette die Beine in den Hüften hochheben und in den Knien frei bewegen kann. Sind enge Hosen vorgesehen, wählt man einen weichen elastischen Stoff.

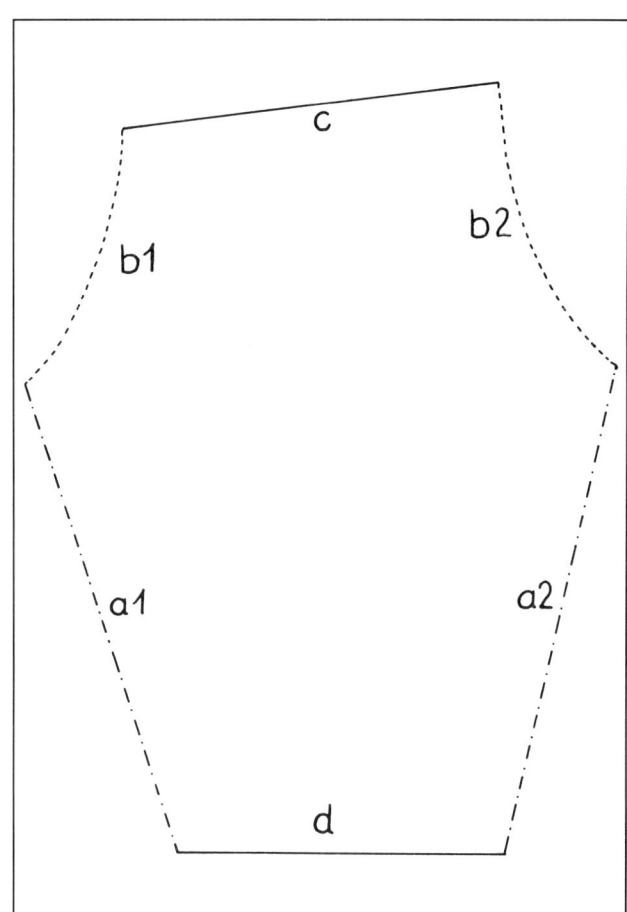

Beim Schnitt für die Hosen werden zwei Stoffstücke nach diesem Muster zugeschnitten und in den Linien b1 und b2 zusammengenäht. Dann an jeder Seite die Linien a1 und a2 zusammennähen.

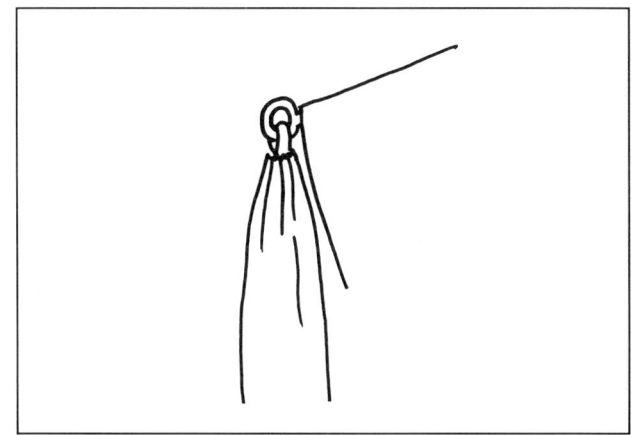

Man kann die Ärmel am oberen Rand des Armes festkleben, oder an die Aufhängeschnur des Armes nähen, oder einfach oben so fest zusammenraffen, daß sie vom Arm nicht herunterrutschen können.

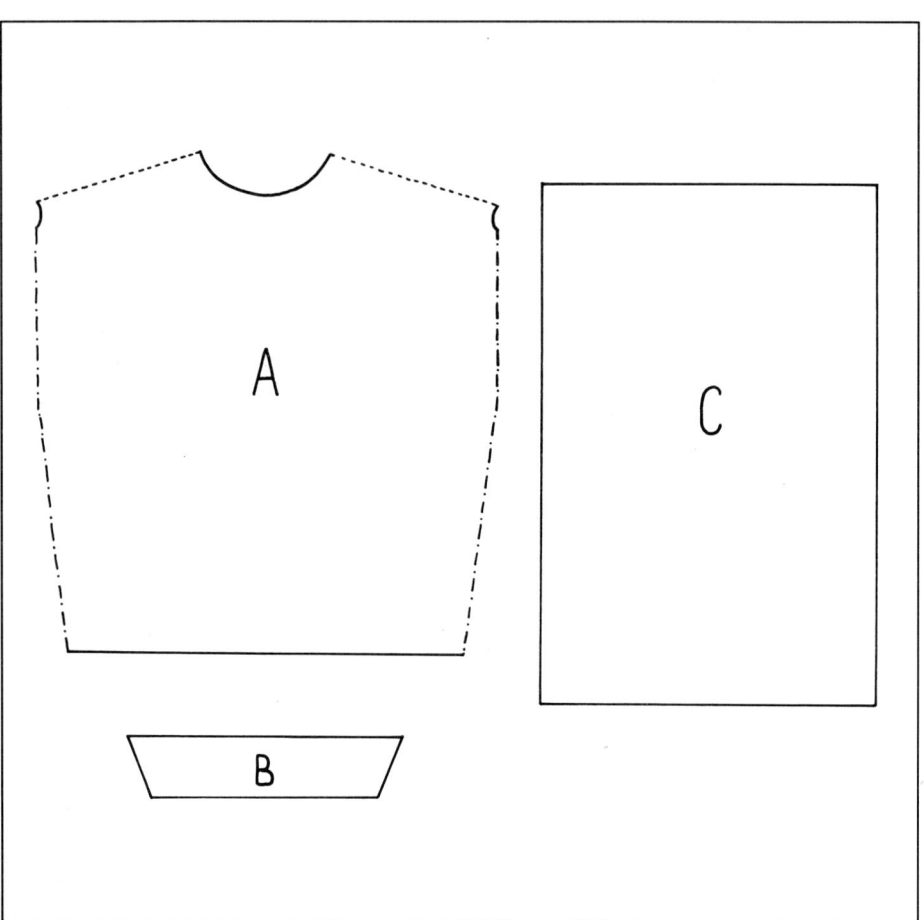

Das Hemd

Das Hemd wird aus zwei gleichen Teilen „A" zusammengenäht. Ihre Größe muß dem Umfang und der Form des Körpers angepaßt werden. Das Hemd hat keine Armlöcher, nur kleine Öffnungen für die Ringschrauben in den Schultern. Das Hemd oder jedes andere, ähnliche Kleidungsstück läßt sich gut anziehen, wenn man es an den Schultern offen läßt und dann von unten über die Beine nach oben zieht. Danach näht man das Hemd an den Schultern zusammen.

Die Ärmel

Um den Armen der Marionette eine volle Beweglichkeit zu gewähren, näht man sie als zwei Stoffröhren, die getrennt von dem Kleid direkt an den Armen befestigt werden.

Marionette an neun Fäden

Anhang

Literatur

Batchelder, Marjorie: The Puppet Theatre
Handbook. New York 1947
Batek, O.: Marionetten. Ravensburg 1980
Bernhard, Hans: Bau- und Spielanleitung
für die Roser'sche Tücherpuppe.
Wilhelmsfeld 1978
Currell, David: The complete Book of
Puppetry. London 1976
Fedotov, Anton: Technik des Puppen-
theaters. Leipzig 1955
Fettig, Hansjürgen: Kleine Bühne – großer
Spaß. Stuttgart 1977
Fling, Helen: Marionettes. New York 1973
Fraser, Peter: Puppet Circus. London 1971
Raab, Alois: Medium Marionette,
Kaufbeuren 1977
Roser, Albrecht: Gustav und sein
Ensemble. Gerlingen 1979
Schreiner, Kurt: Puppen & Theater.
Köln 1980
Steinmann, P. K.: Theatergruppen – ein
Handbuch in Bildern. Frankfurt 1980
„Perlicko-Perlacko, Fachblätter für Puppen-
spiel", Zeitschrift. Herausgeber:
Dr. H. R. Purschke, Postfach 5 501135,
Frankfurt/M
„Puppenspielinformation", Zeitschrift.
Herausgeber: Verband Deutsche Puppen-
theater e.V., Gertrudenhof 13, Bochum 6

Materialien für den Puppenbau

Internationale Theater-Buchhandlung
Wilfried Nold
Kronbergerstr. 19
6000 Frankfurt/M 1
Tel. 069 / 72 20 83

Fachhandel für Puppentheater
Hans Purschke
Postfach 940131
6000 Frankfurt/M 94
Tel. 069 / 78 54 07

Informationsquellen

UNIMA (Union Internationale de la
Marionette), Zentrum Bundesrepublik
Deutschland und West-Berlin
Geschäftsstelle: Karl-Wilh. Wollenhaupt
Postfach 200 551
4690 Herne 2

Verband DEUTSCHE PUPPENTHEATER e.V.
Berufsständische Vertretung –
Geschäftsstelle: Dieter Kieselstein
Gertrudenhof 13
4630 Bochum 6

Deutsches Institut für Puppenspiel e.V.
Kohlenstr. 70
4630 Bochum 1

Deutsche Puppenspielbühnen mit stationärem Theater

Märchentheater BATEK & BATEK
Oskar Batek
Alte Vogtei, 5909 Burbach
Tel. 02736 / 8459

Puppenbühne Bergner
Moorburg 26, 2091 Marxen
Tel. 04185 / 4615

Schwabacher Marionettenbühne
Ruth Bloss
Siedlerstr. 1, 8541 Penzendorf
Tel. 09122 / 71408

„puppenzentrum frankfurt"
Dieter Brunner
Diemelstr. 9, 6000 Frankfurt/M. 90
Tel. 0611 / 727095 + 777603

„Der Heidekasper" Walter Büttner
der Puppenspieler aus der Heide
Kasperhaus, 2105 Seevetal 3
Tel. 04105 / 83939

Lübecker Marionetten-Theater
Fritz Fey
Im Kolk 20-22, 2400 Lübeck
Tel. 0451 / 700060

Gerhards Marionetten
Wolfgang Gerhards
Leonhard Kern Weg 16
7170 Schwäbisch Hall
Tel. 0791 / 48536 + 71900

Brunos Bunte Bühne
Bruno Knust
Olpketal 90, 4600 Dortmund 50
Tel. 0231 / 735353

Puppentheater „Baika" Münster
Ursula Kucharzewski
Soester Straße 46, 4400 Münster
Tel. 0251 / 664988

Soldiner Puppenbühne Kassel
Fritz Leese (Ehrenmitglied)
Zimmerplatz 13, 3582 Felsberg 1
Tel. 05662 / 4740

Steinauer Marionettentheater
„Die Holzköppe" Karl Magersuppe
Postfach 1166, 6497 Steinau
Tel. 06663 / 245

Augsburger Puppenkiste
Hans-Joachim Marschall
Spitalgasse 15, 8900 Augsburg
Tel. 0821 / 432182 + 515606 (Büro)

Der Vogelsberger Kasper
Günther Menzel
Märchenland,
6476 Hirzenhain-Merkenfritz
Tel. 06045 / 542

„Das Laboratorium" Theater mit Figuren
Pavel A. Möller-Lück
Arminstraße 36, 7000 Stuttgart 1
Tel. 0711 / 605178

„die werkstatt" Ted Moré
Bruno Lambertstr. 2,
7118 Künzelsau-Nagelsberg
Tel. 07940 / 2805

Bielefelder Puppenspiele
Helmut Selje
Ravensbergerstr. 12, 4800 Bielefeld
Tel. 0521 / 60840 + 05224 / 2106

„die bühne" literarisches Figurentheater
P. K. Steinmann
Joachim-Friedrichstr. 39/40
1000 Berlin 31
Tel. 030 / 8912069

„Einfache Stabpuppen"...

aus der Reihe Ravensburger® Hobbykurse

Stabpuppen selber zu bauen ist einfach und macht Spaß. Groß in der dramatischen Wirkung, sparsam in der Ausstaffierung. Insgesamt werden 14 Puppen – z. B. Bauernbursche, Gänslein, Rabe, Hahn, Indianer, Wassermann – mit Bauanleitungen und Kostümierung ausführlich vorgestellt.

Oskar Batek, einer der bekanntesten Regisseure und Dramaturgen des Puppentheaters, weiht hier in die Geheimnisse des Puppenbaus ein und verrät dabei hilfreiche Tricks zum Spiel mit den Stabpuppen, Stockpuppen und Marotten.

Praktische Ratschläge zum Werkzeug, zur Bühne, zu den Kulissen und Requisiten runden das Buch ab.

Oskar Batek
Einfache Stabpuppen

64 Seiten mit 11 farbigen und 64 s/w-Abbildungen.	Broschur.
Format	15 × 20,5 cm.
ISBN	3-473-45682-9

Ravensburger Buchverlag, Otto Maier GmbH

Von Ravensburger® gibt es: Spiele, Kinder- und Jugendbücher, Puzzles, Hobby- und Malprogramme, Sachbücher und Videoprogramme.